그저 한마디
건넸을 뿐인데

임철웅 지음

그저 한마디

모든 인간관계가
수월해지는
스몰토크의 힘

건넸을 뿐인데

프롤로그
오감보다 중요한 대화의 감각

오감은 삶을 살아가는 데 꼭 필요한 감각입니다. 하지만 인간관계를 위해 또 하나 없어서는 안 될 감각이 하나 더 있습니다. 바로 '대화의 감각'입니다.

상황에 따라 다를 수 있겠지만 사람은 하루 평균 1~2만 개의 단어를 말한다고 합니다. 이는 일주일이면 책 한 권 분량이 되는 어마어마한 양이지요. 우리는 매일 이렇게 많은 말을 하고 살지만 동시에 꼭 하고 싶던 말을 하지 못해 좌절하는 경험도 하곤 합니다. 떠오르는 생각이 너무 많아서 무엇을 말해야 할지 몰랐던 경험, 머릿속이 하얘져서 한마디도 못 해보고 어색한 침묵만 흘렸던 경험 말이지요. 자연스럽고 유창하게 말하기 위해 고민하고 개선하기 위한 노력도 해보지만 쉽지는 않습니다. 과연 그 이유는 무엇일까요?

그것은 내가 대화를 통해 도착하고자 하는 목표 지점은 있지만 거기까지 어떻게 도달해야 하는지 방법을 몰랐기 때문입니다. 만약 타인과 잘 소통할 수 있는 대화의 감각을 타고난 게 아니라면, 우리에게는 대화를 어떻게 해야 할지를 알려주는 구체적인 방법이 필요합니다.

혹시 여러분은 이런 생각을 해본 적 있나요?
'남들은 어쩜 저렇게 쉽게 사람들과 어울릴까? 나도 쉽게 대화를 이끌어갈 수 있다면 삶이 지금보다 훨씬 더 수월할 텐데.'
한 번쯤은 마법 같은 대화 기술을 가진 이들처럼 센스 있는 한마디를 건넬 수 있는 사람으로 변신하고 싶은 바람이 들기도 합니다. 하지만 이런 바람은 생각만 하는 것으로 그치곤 하지요. 대화란 상황에 따라 그에 맞는 말과 분위기가 있기 때문에 누군가를 따라 하는 것만으로는 그 사람의 대화 기술을 가질 수 없기 때문입니다. 요새 인기 있는 유행어를 외우고 다닌다고 해서 코미디언처럼 위트 있는 사람이 될 수 없는 것처럼 말이죠. 상대와 상황에 따라 어떤 문제가 나올지 모르기 때문에 정답을 달달 외우는 것은 의미가 없습니다.

그럼 완벽한 대화를 위해서 우리는 어떤 노력을 할 수 있을까요? 바로, 하나의 정답이 아닌 모든 대화를 아우를 공식을 배우는 것입니다. 이 책은 단 한마디로도 상대와 성공적인 소통을 할 수 있는 방법을 알려드리고자 합니다. 바로 '모든 인간관계를 수월하게 만들어 줄 스몰토크 공식'을 통해서요.

스몰토크는 상대와 나의 관계를 짧은 순간에 가까워지게 해주고 자연스레 대화가 길게 이어질 수 있도록 만드는 대화 방법입니다. 원래 스몰토크는 친분이 없는 사람들끼리도 쉽게 말을 주고받는 미국만의 문화라고 쉽게 오해하곤 합니다. 하지만 이 책을 통해 한국 사회에 꼭 맞는 한국형 스몰토크 방법을 알려드리려고 합니다. 더 이상 어떻게 대화할지 몰라 답답해하지 않아도 됩니다. 쉽게 따라 하고 자연스럽게 익히면 당신이 원하는 결과를 얻을 수 있습니다.

- 오랜만에 친구나 지인을 만났는데 무슨 말을 해야 할지 몰라 서먹한 시간만 보낸 적이 있다. 그 침묵이 싫어서 나름 열린 질문도 해보고 칭찬도 해봤는데 짧은 대답과 어색한 미소만 돌려받았다.

- 친해지고 싶은 사람과 단둘이 식사하러 갔다가 잘 보이려고 꺼낸 몇 마디 말에 오히려 분위기가 서먹해지고 더 이상 아무

말도 못 해 그 사람과 불편한 관계가 되었다. 그 사람이 상사였든 이성이었든 말이다.

• 직장에서 주말을 잘 보냈냐는 가벼운 인사를 던지며 자연스럽고 긴 대화가 오가는 친밀한 분위기가 만들어지는 것을 꿈꾸지만, 실제로는 어색하게 대처해버리거나 평소처럼 딱딱한 말만 주고받았다.

만약 당신이 이런 상황을 겪었는데 어떻게 대처할지 모르겠다면 《그저 한마디 건넸을 뿐인데》가 소개하는 대화의 기술과 개선 방법을 익혀보세요. 나와 가까운 사람이나 먼 사람, 불편하거나 편한 관계에 상관없이 누구에게나 사용할 수 있는 최상의 대화법이 여기 담겨 있습니다. 타인과의 소통법이나 인간관계를 잘 유지하는 방법을 찾고 있었다면 분명 이 책에서 답을 찾게 될 것입니다.

잊지 마세요. 스몰토크는 과학입니다. 공식만 익히면 누구든 잘할 수 있습니다.

임철웅

차례

프롤로그　오감보다 중요한 대화의 감각　　　　　　　　　　4

1장 대화만 해도 기분 좋아지는 사람

삶을 수월하게 만들어줄 대화의 힘　　　　　　　　　　12
저 사람은 대체 왜 저런 말을 할까?　　　　　　　　　　18
그걸 꼭 말로 해야 아나요?　　　　　　　　　　　　　　29
눈치 있는 사람은 어디서나 환영받는다　　　　　　　　36

2장 말하기 전에 생각했나요?

괜히 아는 척하다가 낭패 보지 않으려면　　　　　　　　52
지금 이 대화, 나만 불편한가요?　　　　　　　　　　　60
우리가 아직 이런 말 할 사이는 아니지만　　　　　　　77
침묵을 깨보려다 무리수를 던지는 실수　　　　　　　　89
완벽한 대화를 위한 마인드 컨트롤　　　　　　　　　　108

3장 말 한마디로 마음을 사로잡는 스몰토크 공식

첫 만남에 호감도를 높이는 비법 118
공식 1: 상대에게 나에 대한 정보를 전달하라 127
공식 2: 상대의 말을 나노 단위로 쪼개라 149
공식 3: 분위기를 180도 바꿔줄 주제를 선정하라 169
공식 4: 뻔한 말도 특별하게 만들어라 185

4장 말 잘하는 사람들은 이렇게 대화합니다

백 마디 말보다 한 번의 리액션이 분위기를 결정한다 212
우리 지금부터 이 얘기할까요? 225
같은 말만 하는 앵무새가 되지 않으려면 238
무슨 얘기를 꺼내야 할지 모르겠다면 이것만 외워보세요 252
대화가 무서운 사람을 위한 실전 시뮬레이션 267
나에게만 차갑게 구는 사람을 대하는 현명한 방법 285
무례하고 불편한 상황을 해결하는 단순한 한마디 296

에필로그 당신의 진심과 가치가 모든 사람에게 전해지도록 306

1장
대화만 해도 기분 좋아지는 사람

삶을 수월하게 만들어줄 대화의 힘

회사 사무실이나 엘리베이터, 사적인 모임 자리 등 우리는 어려운 상사나 친하지 않은 사람, 혹은 친해지고 싶은 사람과 마주치는 일을 거의 매일 경험합니다. 침묵이 흐르는 시간, 어색함을 없애는 방법이 있습니다. 바로 침묵 속에 머물러 있는 상대방을 자연스럽게 수면 위로 끌어올리는 말 한마디입니다.

센스 있는 한마디의 말은 아직 나에게 온전히 마음을 열지 않은 상대에게 나와의 소통을 시작하게 만들어줄 중요한 열쇠입니다. 또한 이미 나와 가까운 관계에 있는 사람과도 서로의 진심을 공유하며 온전히 편안한 시간을 보내도록 만들어주는 필수적인 요소이지요. 우리는 종종 상대와 말을 섞는 것만으로 '소통했다'고 오해하곤 합니다. 하지만 말을 주고받는 행위만으로 진짜 소통이 이루어졌다고 볼 수 있을까요?

'이 사람과는 자주 대화하는데 왜 아직도 어색하지? 왜 사이가 더 가까워지는 것 같지 않지?' 하는 생각을 해본 적 있다면 한 번쯤 내가 진짜 상대와 마음이 통하는 대화를 했는지 생각해 보길 바랍니다. 물 흐르듯 자연스러운 대화는 대화에 참여한 사람에게 편안함과 안정감을 줍니다. 상대가 나와의 대화에서 이런 안정감을 얻는다면 정서적 교류도 더욱 쉬워지겠지요. 편안한 대화에서 발생하는 수혜는 나에게도 해당됩니다. 나 또한 대화에 참여하고 있는 사람이니까요.

흔히 대화를 정보 전달의 수단이라 말하기도 하지만, 대화는 정보 전달은 물론이고 상대방을 설득할 때, 분위기를 풀어주며 친교를 맺을 때, 혹은 그저 즐거움을 위해 등 다양한 목적과 효과를 가집니다. 이 중 어색함을 없애기 위한 가벼운 스몰토크는 흔히 '잡담'이나 '한담', '수다'라고 쉽게 폄하되기도 합니다. 시간을 때우기 위한 시답잖은 이야기로 치부되면서 말이죠. 하지만 가벼운 잡담이라 할지라도, 모든 대화는 어떻게 활용하느냐에 따라 엄청난 가치를 가지게 됩니다.

효율성을 극대화시키는 대화의 힘

매사추세츠공과대학교MIT의 벤자민 와버 교수는 대화가 가지는 힘을 확인하고자 어느 콜센터를 통해 한 가지 실험을 진행했습니다.

실험을 진행한 콜센터에서는 직원들에게 원래 하루에 단 한 번, 딱 15분의 휴식 시간을 주고 있었습니다. 여러 직원들이 동시에 휴식을 갖게 되면 일의 효율이 떨어지고 잡담이 오고 갈 것을 우려하여 휴식 시간은 교대로 갖게 되어 있었지요. 그래서 직원 간에 스몰토크가 이루어질 수 없는 환경이었습니다.

이에 벤자민 교수는 해당 센터에서 두 팀을 실험군으로 분리해 실험을 진행했습니다. 한 팀은 기존 방식대로 휴게 시간을 유지했고, 나머지 한 팀은 팀원들이 함께 시간을 맞춰 휴식 시간을 갖도록 바꾸었고 3개월을 지켜보았습니다. 그러자 휴식 시간을 공유하며 서로 대화를 나누게 된 콜센터 팀 직원들의 근무 만족도가 10% 향상했습니다. 더욱 만족스럽게 일할 수 있게 되었다는 것이죠. 그러면 성과적인 측면은 어땠을까요?

콜센터의 성과는 콜 하나를 처리하는 데 드는 평균 시간으로 나타냅니다. 휴게 시간을 통일한 두 번째 팀은 평균 콜 처리 시간이 8%나 단축되었습니다. 이는 비용으로 환산하면 160만달러에 달한다고 합니다.

이와 같은 사실을 이미 알고 있던 여러 기업들은 직원들 간의 편안한 대화를 권장하고 있습니다. IBM이나 웰스파고 은행 등 세계적인 대기업에서는 직원들 간의 스몰토크 방법을 따로 교육하기도 하고, HP의 경우 아침에 15분씩 전 직원이 자유롭게 이야기하는 시간을 마련하기도 했습니다.

이와 같이 여러 실험을 통해 사람들끼리 서로 편안하게 대화를 나누는 것이 기업과 개인 모두에게 긍정적인 효과가 있다는 것이 밝혀졌습니다. 대화는 사람들을 친해지도록 돕습니다. 그래서 조직이라면 조직 문화가 빠르게 전파되고 직원들은 새로운 정보를 습득할 기회가 늘어나게 됩니다. 직장인의 입장에서 보면 다른 직원과의 대화를 통해 다양한 업무 사례를 미리 접하고 새로운 정보를 얻어 실수를 줄일 수 있어서 일을 더 잘하게 되기도 하는 것이지요.

당신에게 편안하고 즐거운 대화가 필요한 이유

스몰토크가 조직의 효율성을 높인다면 과연 개인에게는 어떤 효과를 가져올까요? 개인의 입장에서 편안하고 즐거운 대화는 두 가지 큰 장점을 가집니다.

  첫 번째, 자유로운 잡담은 스트레스를 해소합니다. 이는 뇌에 긍정적이고 새로운 자극을 주게 되고 훨씬 더 창의적인 발상을 할 수 있도록 도와줍니다.

  두 번째, 건강한 잡담은 인간관계를 개선해 줍니다. 이는 주변의 사회 구성원 중에 많은 조력자와 선생님을 만드는 것과 같습니다. 타인과의 교류를 통해 시너지가 생기게 되어 사회적으로 성장할 수 있도록 도와줍니다. 그리고 이를 이미 알고 있는 많은 사람들은 타인과의 대화를 자기계발과 도약의 기회로 삼아 효율적으로 살기 위해 노력하고 있습니다.

  편안하고 즐거운 대화는 이처럼 현실적인 변화를 가져오는 행동입니다. 더구나 새로운 정보가 점점 더 빠르게 쏟아질수록 개인은 정보 습득의 한계에 부딪히고 타인과의 교류를 통한 시너지가 점점 더 중요한 것이 됩니다. 그래서 타인과 대화를 이끌어 가는 능력은 점점 더 중요해지고 있는 것입니다. 앞서 언급한 것처럼 직장에서뿐 아니라 각종 모임, 우연한 만남, 소개팅, 남들 앞에서 발표하는 순간 등 타인과 스치는 어떤 곳에서든 대화의 기술은 꼭 필요한 것이 되었습니다.

  여러분도 대화의 기술의 필요성에 대해 공감하고 계실 것입니다. 그러면 대화의 필요성과 중요성에 대해 공감하고 이해하면서도 타인과 자연스럽고 즐거운 대화를 이어 나가는 것은 왜 그렇게 어려웠던 것일까요? 우리는 대체 어느 부분을 놓친 것일까요?

만일 타인과의 소통에 집착하여 거창한 마법의 대화를 꿈꾸고 되는 대로 말을 붙이는 행동을 하고 있다면 오버하는 사람으로 찍혀 외톨이가 될지도 모릅니다. 또한 타인과의 소통이 시시한 것이라고 생각해 무시해버린다면 그 틈에 다른 사람들은 대화라는 지름길을 통해 여러분이 도달했어야 할 자리를 선점해 당신의 자리를 위협할지도 모릅니다.

이 책은 여러분에게 꼭 필요한 대화의 기술을 잘 사용할 수 있도록 누구나 성공할 수 있는 쉽고 간단한 대화의 공식을 제시해 드릴 것입니다. 이 책의 마지막까지 함께 하신다면 말 한마디만으로 여러분의 삶이 한층 더 수월해지는 경험을 하게 될 것입니다.

저 사람은 대체 왜 저런 말을 할까?

앞서 타인과의 대화가 가져다주는 효율성에 대해 설명드렸습니다. 하지만 대화를 통해 얻을 수 있는 효과는 그보다 훨씬 더 다양하며, 제대로 된 대화를 이어가지 못해 발생하는 문제는 훨씬 더 심각합니다.

근래에 방영되어 큰 이슈를 끌고 있는 TV 프로그램들만 봐도 대화의 기술이 부족해 야기되는 문제들을 심심치 않게 발견할 수 있습니다. 〈나는 SOLO〉, 〈요즘 육아 금쪽같은 내 새끼〉, 〈고딩엄빠〉 등은 일반인들이 출연해 남녀 관계, 부모 자식 관계, 부부 관계에서 발생하는 문제를 적나라하게 보여주고 있지요. 이 프로그램들을 한 번쯤 시청해 보시거나 SNS를 통해 짧은 영상으로 접해보신 적 있으실 겁니다. 이런 프로그램들에서 출연자들이 갈등을 겪는 이유는 다양한 것 같지만 사실 대부분 올바르지 못한 대화법에서 비롯되는 경우가 많습니다.

'아니, 상대방한테 호감을 얻어야 하는 상황인데, 대체 왜 저런 말을 하지?' '상대방이 저렇게 말했다는 건 이런 뜻이 담겨있는 건데 왜 저렇게 대답을 하지?' 등 대화하는 이들을 화면으로 관찰하는 사람들의 입장에서는 답답하고 또 답답한 상황들이 연출되곤 합니다.

하지만 다시 한번 잘 생각해 보세요. 정말 우리는 화면 속 사람들과 다른, 눈치 있는 최적의 대화법대로 타인과 소통할까요?

당신이 꼭 기억해야 할 대화의 목적

상대와 상황을 고려해 편안하고 즐거운 대화를 끌어내는 '눈치 있는 대화'는 생각보다 쉽지 않습니다. 그저 말을 주고받는 것으로는 얻을 수 없지요. 그래서 우선 효과적인 대화의 기술을 배우기 전에, '대화가 가진 목적에 대해 정리해 보려고 합니다. 아래와 같이 크게 네 가지로 분류할 수 있겠네요.

첫째로 침묵을 깨기 위한 목적입니다. 침묵을 깨기 위해 효과적인 대화법을 배운다는 것은 단지 방을 밝히기 위해 큰 TV를 사는 것과 비슷한 생각입니다. TV를 켜면 방이 밝아지긴 하겠지요. 그리고 때로는 밝아지는 것 자체가 유용하기도 할 것입니다. 하지만 그것은 자동으로 따라오는 부수적인 현상일 뿐입니다. 대부분 TV를 사는 진짜 목적은 즐겁거나 유익한 시간을 보내는 것입니다. 유익한 시간을 위해서는 때로는 방이 어두운 것이 더 도움이 되는 경우도 있습니다.

침묵도 이와 같습니다. 어둠처럼 때로는 침묵이 적절한 순간이 있습니다. 만약 그런 순간에 무리하게 침묵을 깨려고 하면 바보같은 실수를 하게 될지도 모릅니다. 상대나 상황을 파악하지 못했기 때문입니다.

실은 인사만 건네보거나 눈치 있는 대화법 스킬에 맞는 질문 하나만 던져보아도 상대가 침묵을 원하는지 대화를 원하는지 대부분 알 수 있습니다. 침묵을 원하는 상대는 어떻게든 그것을 표현하고 싶어 하기 때문입니다. 하지만 이를 놓치게 되는 이유가 있습니다.

하나는 상대가 표현하지 않고 숨기기 때문입니다. 특히 한국의 대화 문화는 겉으로 드러나지 않는 메시지들이 많습니다. 하지만 상대가 침묵을 원하더라도 그것을 확실히 숨기는 상황이라면 대화를 나눌 여지가 있거나 상대가 대화를 원하도록 바꿀 기회가 있습니다.

다른 하나는 바로 침묵이 두렵기 때문입니다. 두려움은 눈앞에 무서운 것을 피할 방법을 모르겠을 때 생겨나는 감정입니다. 침묵이 두렵게 느껴지는 순간, 어떻게 벗어나야 할지 방법을 현명하게 생각하지 못하고 단지 벗어나야 한다는 생각만 하게 됩니다. 그래서 침묵의 순간이 올 때마다 과거의 무서운 경험과 현재의 공포가 화학 작용을 일으키며 침묵이 점점 더 고통스럽게 느껴지게 됩니다. 어느 시점부터는 앞으로 닥칠 침묵에 불안해지기 시작합니다. (불안은 두려움과 달리 대상이 존재하지 않을 때 느껴지는 감정입니다. 예를 들어 폐가에 들어가기 전에는 불안하고 막상 무서운 존재를 만나면 두려워지는 것이지요.)

침묵의 시간이 고통스러울수록 실제보다 더 길게 느껴집니다. 그래서 침묵이 두려운 사람일수록 그 순간을 더 길다고 여깁니다. 잠시 침묵하면서 서로 생각을 정리할 수 있던 긍정적인 시간을 스스로 불편해하며 조급한 마음으로 채워버리는 것이지요. 그렇게 내가 불편하다는 느낌이 들기 시작하면 금방 상대에게도 전염이 되어 서로 불편한 시간을 보내게 되고 어색한 관계가 될 수 있습니다.

이 악순환을 깨려면 어떻게 해야 할까요? 바로 침묵도 종종 대화에 꼭 필요한 존재라는 것을 기억하는 것입니다. 방을 밝히려는 목적으로 TV를 켜놓아도 장면이 전환될 때는 방이 어두워질 것입니다. 그리고 그 순간이 생각만큼 길지도 않습니다. 다음의 문장을 기억하고 되뇌어보세요.

"침묵은 필요하다. 침묵은 생각만큼 길지 않다."

대화의 두 번째 목적은 편안한 상황을 만들기 위함입니다. 이는 침묵을 깨는 것보다 더 넓은 의미를 갖는 목적이라고 볼 수 있습니다. 여기에는 침묵과 수다스러운 상황 모두 해당할 수 있기 때문입니다. 그런데 두 가지 극단적인 상황이 모두 포함될 수 있다는 점 때문에 주체를 잘 설정해야 합니다. 누가 편안한 상황을 만들고 싶은 것인가를 먼저 생각해야 합니다. 이때 '둘 다 편안한 상황' 혹은 '대화는 원래 편한 것'이라고 막연하게 생각하면 둘 다 불편해지거나 혹은 나만 편하고 상대는 아닌 상태가 되어 결국 대화 자체가 불편해지는 상황이 될 수 있습니다.

만약 둘 다 편하고 싶다면 일단 상대가 어떤 주제나 상황을 편하게 여길지 판단할 수 있어야 합니다. 상대를 편하게 해주려고 배려하느라 나도 불편한데 상대도 그것을 원하지 않으면 대화에 참여하는 두 사람 모두 불편한 상황이 되어버립니다. 반대로 내가 먼저 편해지면 상대도 편할 것이라고 생각해 쉽게 대화하다가 무례한 사람이 되기 쉽습니다.

이런 상황을 예방하기 위해서는 자신과 상대, 그리고 관계에 대해 파악할 줄 알아야 합니다. 이에 대해 파악이 끝나면 누굴 편하게 만들고 어떤 대화 분위기를 만들지 결정한 후 그에 맞춰 행동해야 합니다. 처음에는 생각할 것이 많기 때문에 상황 대처에 익숙해지기 위해서 노력해야 합니다. 이를 위해 자신의 불편함을 감수해야 할 필요도 있습니다.

편안한 상황이 목적이라면 우선 이 말을 기억해 두세요.

"누가 편안할지 정하고 행동을 선택하라."

부정적인 인상을 남기는 나쁜 대화법

대화의 또다른 목적으로는 나라는 사람의 인상을 각인시키기 위한 것도 있습니다. 상대가 누구든 좋은 인상을 각인시킬 수 있다면 인생에서 더 많은 기회가 생길 것입니다. 그런데 인상을 각인시킨다는 것은 상대의 기억에 오래 남는 것이기 때문에 부정적인 인상을 주면 큰 부작용을 겪게 됩니다. 이러한 부작용이 불러오는 행동 세 가지를 알려드리겠습니다. 절대 해서는 안 되는 행동들입니다.

하나는 오버하는 행동을 하는 것입니다. 때로는 특별한 존재로 각인될 수 있지만 자신이 제어할 수 있는 범위를 넘어서거나 상대가 허용할 수 있는 기준을 넘어서거나 상대와 나 사이에서 지켜야 할 선을 넘어섰다면 이는 돌이킬 수 없는 부작용이 발생합니다. 혼자서 후회하는 것을 넘어서 무례하다거나 개념이 없는 이미지를 주게 되겠지요. 이를 예방하기 위해서는 상대를 파악하기 전까지 예의를 갖추려고 애를 써야 합니다. 예의는 모든 사람들의 기준에서 벗어나지 않을 수 있는 최소한의 규칙이라는 것을 기억하고 꼭 지켜가면서 대화를 시작해야 합니다.

둘, 자신에게 각인된 누군가를 따라 하는 것입니다. 경우에 따라서는 좋은 선택일 수도 있지만 보통 자신에게 맞지 않는 옷을 입은 것처럼 어색합니다. 이렇게 되면 특별한 이유 없이 불편한 사람이라는 식의 억울한 평가를 받을 수도 있습니다. 이를 예방하기 위해 자신과 맞는 유형의 사람을 찾아 관찰하고, 그를 모방한 대화법을 사용해 실험해 볼 안전한 모임이나 인간관계를 선정하는 것이 필요합니다.

이때 안전하다는 것은 나의 실수가 충분히 용인될 정도로 신뢰가 쌓인 관계라거나 반대로 실수를 해도 나머지 자신의 삶에 크게 상관이 없는 관계라는 것입니다.

셋, 대화 패턴이나 행동을 외워서 하는 것입니다. 이것은 대화의 기술을 훈련하다 보면 필연적으로 겪을 수밖에 없는 일이긴 합니다. 다만 이렇게 되면 예상치 못한 상황이 발생했을 때 대처가 힘들고 상황에 맞지 않는 2% 부족한 멘트를 할 수 있다는 단점이 있습니다. 보통 상대가 대화에 적극적으로 호응해 줄수록 새로운 대화 패턴이 생겨날 수 있는데, 대화 패턴을 무작정 외우다 보면 그런 상황이 오히려 곤혹스럽게 됩니다. 따라서 이런 상황을 예방하기 위해서 많은 경험을 쌓고 실수를 조금 하더라도 적극적으로 임기응변하며 상대와 대화하는 상황 자체를 즐기려는 노력이 필요합니다.

인상을 각인시키려는 노력을 할 때는 꼭 기억해야 할 한 마디가 있습니다.

'나는 상대에게 어떤 인상을 남길 것인가?'

인상을 각인시키는 것보다 훨씬 더 중요한 것은 내가 남기는 인상의 모습입니다. 만약 당장 인상이 좀 덜 각인되더라도 한 번 더 상대를 볼 수 있다면 장기적으로 그것이 훨씬 더 깊은 인상을 줄 수 있다는 것을 꼭 기억해야 합니다.

대화의 주도권보다 중요한 건 '상대의 마음'

마지막으로, 대화의 목적에는 '대화의 주도권'을 쥐는 것도 있습니다. 결론적으로 말씀드리자면 말 한마디를 잘 던지는 것만으로도 확실하게 대화의 주도권을 잡을 수 있습니다. 그런데 주도권을 잡는다는 것을 잘못 이해하고 있는 사람들이 많습니다. 상대보다 단지 말을 많이 하는 것이나 상대가 말하지 않아도 상대의 마음을 판단하여 꿰뚫어 보는 것이나 옳은 말로 상대의 기를 꺾는 것 등을 대화의 주도권을 잡는 것이라고 오해하는 것이지요.

말을 많이 하는 상황을 예로 들어보겠습니다. 내가 말을 많이 할수록 자연스럽게 상대방은 적게 말합니다. 당연히 내가 얻을 수 있는 정보의 양이 줄어들어 상대가 무엇을 원하는지 무슨 생각을 하는지 알 수 없습니다. 거기에다 대화가 억압된 상대의 마음은 스트레스를 받고 닫혀버립니다. 주도권은커녕 관계가 깨지고 있는 상황에 다다르게 됩니다.

이번에는 상대를 꿰뚫어 판단하려는 상황에 대해 이야기해 보겠습니다. 상대를 판단하려는 목적을 갖는 순간, 현재의 상대가 무언가 감추고 있다고 가정해야 합니다. 아니면 이미 판단을 끝내고 그 판단의 근거를 수집하고 있을 것입니다. 두 경우 모두 상대에게 무례한 행동일뿐더러 매우 비효율적으로 피곤한 일입니다. 상대의 마음을 열면 알아서 보여줄 텐데 억지로 간파하려는 헛된 노력을 하는 것이지요. 대화가 참 피곤하고 즐겁지 못한 일이 되어버립니다.

주도권을 쥐는 것에 대한 또 다른 오해는 바로 옳은 말로 상대의 기를 꺾으려는 것입니다. 옳은 말을 하는 이유가 항상 상대를 꺾기 위한 것이라 생각하는 사람이 있다면 그가 한평생 쌓은 지식과 그에 쏟은 시간이 너무나 아깝습니다. 대화에서 옳고 그름을 따지는 것보다 더 중요한 것은 상대와 나의 관점을 차이를 배우는 것입니다. 또한 나의 옳음을 주장하려면 옳은 것을 전달하는 것이 목적이 되어야 합니다. 상대를 꺾는 것이 목적이 된다면 그것은 단지 상대를 패배자로 만드는 것일 뿐입니다. 패배자와 함께 대화를 하는 것을 목적으로 온 신경과 노력을 기울인 것이지요. 더구나 이런 경우라면 절대 옳음이 전달되지 못합니다.

대화의 주도권을 잡는다는 것은 상대의 마음을 열고 더 깊은 이야기를 하도록 만드는 것입니다. 만약 옳고 그름이 있는 주제로 대화한다면 상대가 이해하고 받아들이거나 최소한 그 준비를 하도록 만들어야 합니다. 이를 위해서는 자신의 정보를 적절하게 건네주며 상대의 많은 정보를 얻고 그것을 기반으로 상대의 본심에 다다를 수 있어야 합니다. 그리고 아래의 말을 기억하길 바랍니다.

"주도권을 갖기 위해 상대의 마음을 얻는다."

올바른 대화법이 무엇인지 차근차근 연습하다 보면 대화의 주도권이 자연스럽게 나에게 넘어오는 경험을 하게 될 것입니다.

그걸 꼭 말로 해야 아나요?

지금까지 상대와 상황, 목적을 고려하는 대화가 얼마나 중요한지 이야기했습니다. 그렇다면 내가 원하는 바(그것이 침묵을 깨거나 편안한 상황을 만들기 위한 목적이든, 나를 각인시키고 대화의 주도권을 잡기 위한 것이든)를 이루기 위해 가장 중요한 것은 무엇일까요?

대화를 위해 필요한 조건들은 수도 없이 많겠지만, 그중에서도 우리가 발을 딛고 살아가는 한국에서 대화의 가장 중요한 요소는 바로 '눈치'입니다. 눈치는 순우리말인 '눈'과 값을 뜻하는 한자 '치値'가 합쳐진 단어로 눈대중으로 살피다 혹은 눈으로 가늠한다는 뜻입니다. 여기서 가늠한다는 것은 상황을 눈으로 보고 파악하여 자신의 경험과 생각을 동원해 남의 마음을 판단하는 것입니다. 이를 통해 시시각각 역동적으로 변하는 의사소통 과정에서 상대 말의 의미와 대화의 맥락을 분석하고 대응해야 합니다.

'눈치'에 대한 오해

눈치의 시작인 상황 판단 능력에는 나 자신, 대화 상대, 상대와의 관계, 조직 등의 전반적인 상황을 아울러 판단하는 것이 필요합니다. 혹시 '눈치'라는 말이 부정적으로 들리시나요? 일반적으로 '눈치를 본다'라고 하면 사람과 사람 사이, 상황과 상황 사이에 껴 살아남기 위해 애쓰는 상황을 떠올립니다. 사실 사람과 상황을 살펴보고 그에 맞는 말을 하는 것은 모든 커뮤니케이션의 기본이 되는 행동입니다. 물론 누군가의 눈치를 보고 나의 말과 행동을 정해야 한다는 사실이 거북하게 느껴질 수도 있을 것입니다. 그렇다면 이 눈치를 비슷한 다른 말로 표현해 볼까요? 바로, 센스입니다.

"저 사람 참 센스 있게 말하네."

누군가에게 이런 평가를 받는다면 기분이 좋아질 수밖에 없을 것입니다. 센스 있는 말, 센스 있는 행동은 상대방의 상황을 고려해 적절하고 위트 있게 커뮤니케이션하며 긍정적인 인상을 남겼다는 말이니까요. 센스sense란 감각을 뜻하는 말입니다. 외부에서 오는 자극을 느끼고 수용하는 것이지요. 이 센스의 한국식 표현이 바로 눈치라는 것을 기억해야 합니다.

한국에서 일어나는 모든 대화는 눈치에서 시작한다

그렇다면 왜 이번 장을 시작하며 '대화에서 가장 중요한 요소는 센스다'라고 하지 않고 '눈치'라는 표현을 썼을까요? 바로 한국식 대화에서 센스와 눈치는 미묘하게 다른 의미를 가지고 있고, 어쩌면 센스보다 눈치가 더 중요한 작용을 하기 때문입니다. 그렇다면 왜 한국식 대화에서 눈치가 중요할까요? 그건 바로 한국의 특별한 세 가지 문화 때문입니다.

첫째, 한국은 '눈치'라는 단어가 존재하는 특수한 문화권입니다. '눈치'에 해당하는 단어는 한국을 포함한 몇 국가에만 존재합니다. 예를 들어 앞서 말한 것처럼 눈치를 영어로 번역하면 위트나 센스 정도로 표현할 수 있지만 상세하게 따지고 보면 완전히 동일한 개념은 아닙니다. 위트는 재치가 있는 것, 센스는 감각적이고 세심한 것에 가까운 단어들입니다.

그에 반해 눈치는 부정적인 요소와 행동을 모두 포함한 것이라 위의 단어들과 같은 뜻이라고 보기에는 다소 어렵습니다. 다만 눈치와 거의 동일한 뜻의 단어가 존재하는 나라는 대표적으로 중국이나 일본 등이 있습니다. 즉, 눈치라는 단어가 존재하는 국가들에는 개인보다 조직을 더 중요하게 여기는 문화가 오래 자리 잡고 있다는 공통점이 있습니다.

둘째, 한국에는 '그걸 꼭 말로 해야 아나?'라고 대표되는 문화가 있습니다. 오랜 시간 동안 문화적으로 똑같은 사람들이 모여 살았기 때문에 화려한 화법보다는 드러나지 않는 부분을 더 중요하게 생각해 왔습니다. 이는 이미 구축된 가부장적이고 유교적인 수직 문화를 흔들리지 않게 하고 효율적으로 유지하고자 하는 목적도 있었습니다. 상대의 의중을 읽는 것을 우선하는 사회에서는 이유나 타당성 같은 것을 따지기보다 빨리 그 조직의 문화를 익히는 데 집중해야 살아남을 수 있기 때문입니다. 특히 체면과 예의를 중요한 미덕으로 내세워 생각이나 의도를 표면적으로 드러내지 않는 것을 더 나은 대화법이라고 느끼게 된 것이지요.

셋째, 최근 한국에는 수직적인 문화와 수평적인 문화가 공존하고 있습니다. 원래 한국은 존댓말로 대표되는 수직적 문화가 오랜 세월 깊게 뿌리내려 있었습니다. 하지만 최근 들어 수평적 문화의 장점이 부각되면서 다양한 조직에서 수평적 문화를 수용하고 사회적으로도 수평화가 이루어지고 있습니다. 하지만 이로 인해 오히려 문화가 더 다양해지는 결과를 낳았고 조직 문화를 파악하는 것은 더 힘들어졌습니다. 상대가 어떤 문화에 익숙한 사람인지 판단하기가 더 어려워졌기 때문입니다. 아이러니하게 수평적 문화가 눈치를 더욱 필요한 것으로 만들고 있는 상황입니다.

눈치는 날카로운 무기와 같습니다. 자신을 포함해서 누군가를 해칠 수 있는 부정적인 측면이 있지만 그렇다고 남들이 다 가진 것을 나만 가지지 않겠다고 한다면 결정적인 순간에 크게 다칠 수도 있습니다.

타인과 친밀해지고 싶다면 눈치부터 키워라

막연히 눈치가 좋으면 대화할 때도 당연히 좋겠거니 생각하기 쉽지만, 좋은 눈치가 대화에 주는 구체적인 이점은 따로 있습니다.

첫째, 상황을 주도할 수 있습니다.

눈치는 상황을 파악하는 것이기 때문에 어색한 상황을 어색하다고 인지하고 피하거나 바꾸는 것이 가능합니다. 눈치가 없을 경우 지금의 상황이 어색하다는 느낌을 아예 못 받거나 서서히 어색함을 깨닫다가 피할 수 없는 상태에 이르러서 대화가 괴롭다고 생각하게 됩니다. 반대로 눈치가 있다면 상대와 나의 차이를 인정하고 상황을 관찰하는 것부터 시작합니다. 이를 통해 상황과 상대를 알고 원하는 방향으로 상황을 이끌고 갈 수 있습니다.

둘째, 절약할 수 있습니다.

역동적인 의사소통 과정에서 의미와 맥락을 파악하는 것으로 서로 설명의 시간과 노력을 줄일 수 있습니다. 이는 단순히 시간만의 문제가 아니고 타인과 빨리 관계를 쌓을 수 있다는 장점이 됩니다. 서로 신뢰하는 사이가 되기 위한 시간이 줄어들기 때문에 어중간한 사이로 다음 만남을 기약하는 것보다 친밀한 사이가 될 가능성이 훨씬 높아지게 됩니다.

셋째, 효율적인 관리를 할 수 있습니다.

눈치가 있으면 대화의 목적과 수위를 정할 수 있습니다. 상대가 원하는 것을 파악할 수도 있습니다. 당장 마음을 열지 않을 상대에게는 다음을 기약하거나 되지 않을 일에 헛된 노력을 쏟지 않는 등 효율적으로 에너지를 관리하며 상대에게도 부담을 주지 않을 수 있습니다. 인간관계는 단 한 번의 만남으로 결정되지 않습니다. 어떤 인상을 남기고 후속 만남을 이어가며 친밀도를 높일 것인가가 중요합니다.

눈치 있는 사람은 어디서나 환영받는다

앞서 설명한 눈치의 장점들을 보고 여러분은 아마 두 가지 의문이 드셨을 것입니다.

하나, "그럼 눈치가 없는 사람은 어떻게 해야 하지?"

둘, "그래도 눈치 보는 건 나쁜 거 아닌가? 나쁜 걸 굳이 키워야 하나?"

당연히 품을 수 있는 의문입니다. 이 두 가지 의문을 해결하기 위해 타인과의 대화에서 눈치가 작용하는 역할과 함께, 눈치가 없는 상태에서 눈치가 있는 상태로 발전하기 위해 어떤 과정이 필요한지 살펴보고자 합니다.

다음으로 준비한 눈치 척도 테스트에는 눈치를 파악하는 능력과 눈치껏 파악한 상황에 맞춰 얼마나 행동으로 옮길 수 있을지 알아보기 위한 항목들이 준비되어 있습니다. 테스트를 실행해 보기 전에 한번 평소 나의 눈치가 얼마나 되는지 생각해 보고 테스트 결과와 비교해 봅시다. 과연 나는 눈치가 있는 사람일까요? 아니면 혹시 눈치가 있는데도 대화에는 적용하지 못하거나 제대로 활용하지 못하는 건 아닐까요?

여기에서 자신이 해당하는 바를 모두 고르고 항목별로 점수를 매겨보세요. 나의 상황을 정확히 아는 것만으로도 다음 스텝을 밟아나가기 위한 만반의 준비가 됩니다.

눈치 척도 테스트

다음 중 자신과 일치한다고 생각되는 것에 체크해 보세요.

1. 눈치 파악 레벨
☐ 나는 보통 사람들이 어떤 감정인지 잘 파악할 수 있다.

□ 나는 상대의 말을 듣고 어떤 의도인지 잘 파악할 수 있다.

□ 나는 상대가 의도를 숨기고 있어도 그것을 잘 알게 된다.

□ 나는 대화를 할 때 그 상대가 원하는 것을 잘 파악할 수 있다.

□ 나는 보통 사람들이 무엇을 필요하다고 느끼는지 잘 알고 있다

□ 나는 맥락을 잘 파악하여 상대의 숨은 의도를 잘 간파한다.

□ 나는 누군가의 말을 들으면 그 말의 포인트를 잘 정리할 수 있다.

□ 나는 주변 사람들의 평소 태도와 말투를 쉽게 기억해낼 수 있다.

□ 나는 어떤 자리에 가도 비교적 크게 불편함을 느끼지 않는다.

□ 나는 어디서나 누가 가장 중요한 역할을 하는 쉽게 알 수 있다.

2. 눈치 행동 레벨

□ 나는 생각하는 것을 잘 표현하는 편이다.

□ 나는 타인을 배려하여 행동하는 편이다.

□ 나는 상대의 기분을 고려하여 말을 하는 편이다.

□ 나는 상대의 상황에 따라 말을 참을 때가 있다.

□ 나는 자리의 특성에 따라 다양한 모습을 드러낸다.

□ 나는 대화하기에 편안한 사람이다.

□ 나는 침묵이 흐르는 상황도 크게 불편하지 않다.

> ☐ 나는 나중에 대화 상황을 떠올리며 후회하는 일이 거의 없다.
>
> ☐ 나는 새로운 사람들을 만날 때 나를 소개할 말이 두 가지 이상 된다.
>
> ☐ 나는 나를 불편해하는 사람을 만나도 상대를 배려할 수 있다.

이제 눈치 파악 레벨과 눈치 행동 레벨의 항목에서 각 몇 점이 나왔는지 합산해 보고, 아래의 표에 자신의 눈치 레벨이 어디에 위치하는지 표시하세요.

- 눈치 파악 레벨 : _____ 점
- 눈치 행동 레벨 : _____ 점

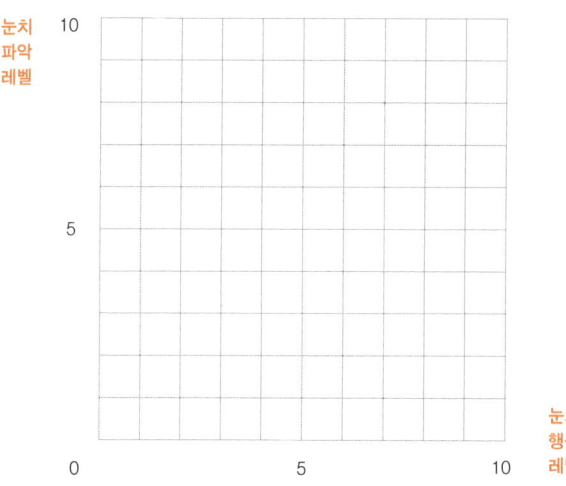

나는 얼마나 눈치 있는 사람일까?

이제 눈치 척도 테스트의 결과를 살펴봅시다. 앞서 체크한 자신의 눈치 점수가 어느 레벨에 해당하는지 아래의 표를 통해 확인해 보세요.

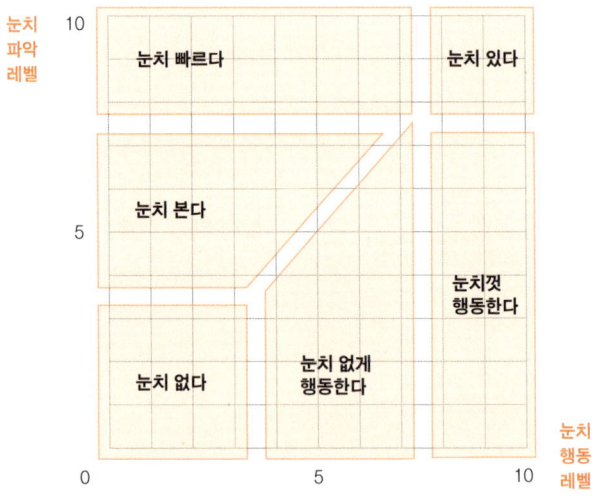

앞선 테스트와 같이 눈치는 '눈치를 파악하는 것'과 '눈치 있는 행동을 하는 것'으로 구분됩니다. 기본적으로 눈치 있는 상태에 이르기 위해서는 경험을 많이 하는 감각 훈련과 생각을 하며 행동과 눈치를 보정해 나가는 사고 훈련을 해야 합니다.

훈련하다 보면 파악과 행동의 능력이 서서히 생겨나는데 처음에는 두 가지 능력을 똑같이 키우기가 어렵습니다. 그러다 보니 이 불균형한 과정에서 각각 발현되는 특정한 상황들이 있습니다. 그럼 각각의 상태가 어떤 특징을 가지는지, 그리고 눈치가 없는 상태에서 눈치가 있는 상태가 되려면 어떻게 해야하는지 그 전략에 대해 말씀드리겠습니다.

① 눈치 없는 상태

가장 낮은 레벨인 '① 눈치 없는 상태'는 눈치 파악과 눈치 있는 행동 모두 하지 못하는 상태입니다. 이 상태의 가장 큰 문제는 본인이 눈치가 없는 것조차 모를 때가 있다는 것입니다. 인간관계를 잘 떠올려보고 편한 극소수의 사람들 이외에는 새롭게 관계를 만들지 못하거나 인간관계에 특정한 문제가 자주 발생하고 있다면 혹시 본인이 눈치가 없는 상태는 아닌지 점검해 볼 필요가 있습니다.

만약 가벼운 주제로 나누는 대화가 자연스럽게 흘러가지 못하는데 인간관계가 편하게 느껴진다면, 스스로는 느끼지 못해도 상대방은 불편해하는 상황일 수도 있습니다.

② 눈치 보는 상태

눈치 파악을 막 시작했거나 서투른 상태입니다. 눈치껏 상황을 파악해 보려는 시도는 하지만 적절한 말이나 행동은 실행하지 못하는 상태입니다. 앞서 말한 것처럼 '눈치'라는 단어가 부정적으로 들리는 이유가 바로 이 상태 때문입니다.

눈치를 본다는 것은 자신의 안전 등 이기적이거나 소극적인 목적으로 주변을 계속 살피는 것입니다. 또한 이에 맞는 행동을 하지 못하기 때문에 소극적이고 불안한 상태입니다. 이 상태라면 인간관계를 확장하는 것을 즐기도록 해보고 나의 가치를 존중하는 마음을 가져야 합니다.

③ 눈치 빠른 상태

눈치 파악을 잘하지만 행동은 다소 부족한 상태입니다. 만약 행동까지 받쳐준다면 눈치 있는 사람이 된 것이지만 단순히 눈치 빠르다는 말만 듣는다면 이는 다소 부정적인 의미가 담겨있습니다. 눈치 보는 상태에서 오는 불안함은 줄어들지만 눈치의 목적이 이기적인 목표에 머물러 있을 가능성이 큽니다. 이 상태라면 관계 형성을 눈치의 목적으로 잡고 자신이 파악한 눈치대로 행동해 보는 것을 시도해야 합니다.

④ 눈치 없게 행동하는 상태

 이는 눈치 파악 능력은 갖추어지지 않았는데 행동이 앞서는 상태입니다. 안타깝게도 눈치가 없는 상태에서 경험을 쌓고자 시도하기 시작하면 필연적으로 겪을 수밖에 없는 상황입니다. 물론 지속적인 노력을 통해 다음 단계로 넘어간다면 큰 발전을 이룰 수 있습니다. 다만 계속 몸담을 조직에서 이런 상태로 너무 오래 머물게 되면 안 좋은 이미지로 낙인되어 후유증이 남을 수 있습니다. 자신이 현재 이 상태이고 눈치 능력을 올리기 위해 연습을 시도한다면, 어느 관계나 조직에서 눈치 연습을 시작할 것인지 고려해야 합니다. 상황을 구분해 보고 오래 몸담을 조직이나 인간관계의 후유증이 남을 수 있는 관계라면 먼저 주변을 관찰하는 시간을 더 가지도록 해야 합니다.

⑤ 눈치껏 행동하는 상태

 눈치껏 행동하는 단계는 눈치 수준 중 '② 눈치 보는 상태' 정도의 눈치 파악 능력이 있는 상태에서 그에 맞는 행동도 함께하는 상태입니다. 자신의 부족함에 대한 인식이 확실히 있는 상태이지만 대신 눈치 파악에 시간이 걸리기 때문에 머뭇거리거나 망설이는 태도를 취할 때가 있습니다. 그래서 자칫 여유가 부족해 보이거나 다소 끌려다니는 모습으로 비칠 수도 있고 동시에

성실하다거나 무리 없는 사람이라는 평가를 받을 수도 있습니다. 이 상태라면 눈치 파악을 좀 더 훈련하면 '⑥ 눈치 있는 상태'가 될 수 있습니다.

⑥ 눈치 있는 상태

눈치가 빠르고 눈치껏 행동하는 상태입니다. 이 상태가 되면 판단과 행동이 자연스럽게 이루어지기 때문에 타인에게 가볍게 건네는 대화도 자연스러워지고 인간관계도 편안해집니다. 자신을 객관적으로 알기 때문에 오버하거나 조급해하는 일이 없고 상대가 원하는 것을 파악할 수 있기 때문에 쉽게 친밀감을 높이며 관계를 형성합니다.

이렇듯 자신이 어느 정도의 눈치 수준을 가졌는지 파악해 보는 과정은 꼭 필요합니다. 테스트 결과 아직 자신이 눈치가 없거나 눈치에 따라 적절한 말과 행동을 표현하기 어려운 상태라면 '⑥ 눈치 있는 상태'를 목표로 잡아보길 바랍니다. 이후에 배우게 될 효과적인 대화의 공식을 적용해 노력하다 보면 자연스럽고 편안한 대화를 자유자재로 나눌 수 있는 수준에 도달할 수 있습니다. 꾸준히 훈련해 나가다 보면 나도 모르는 새 어느 순간 타인이나 외부 상황을 눈여겨보지 않아도 자연스럽게 눈치가 장착되어 센스 있는 의사소통을 하고 있다는 사실을 발견할 수 있을 것입니다.

현재 자신의 눈치 레벨이 어느 정도에 머무르고 있든지 간에 노력에 따라 얼마든지 다른 상태로 이동할 수 있다는 점을 꼭 기억하길 바랍니다.

단계별로 올라가는 눈치와 센스

여섯 가지 눈치 상태의 발전 과정을 정리해 보면 다음과 같습니다.

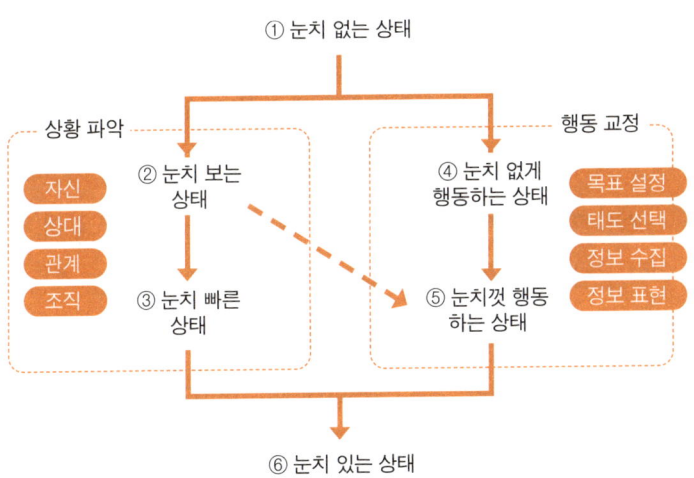

'① 눈치 없는 상태'에서 시작해 마지막 단계인 '⑥ 눈치 있는 상태'로 가는 과정에서 상황을 파악하는 힘을 기르면 '② 눈치 보는 상태'를 지나 '③ 눈치 빠른 상태'로 이동합니다. 이 과정에서는 나, 상대, 관계, 조직의 상황을 파악해 보며 능력을 키워가면 됩니다.

또한 행동을 교정하는 방향으로 개선하면 '④ 눈치 없게 행동하는 상태'를 지나 '⑤ 눈치껏 행동하는 상태'로 이동하게 됩니다. 이때 중요한 것은 내가 왜 눈치를 키우고 싶은지, 왜 눈치 있는 행동을 하려는지 그 목표를 설정하는 것입니다. 목표에 따라 그에 적합한 태도를 선택해 인간관계에 임하고, 최선을 다해 정보를 수집하며 표현하다 보면 처해진 상황에 꼭 맞는 눈치 있는 행동을 할 수 있는 능력이 개발됩니다.

이 두 가지 방향의 훈련은 동시에 진행할 수 있지만 다른 곳에서 해야 합니다.

먼저 상황을 파악하는 힘을 기르는 연습은 직장과 같이 자신이 몸담은 조직에서 진행하는 것이 좋습니다. 행동을 개선하는 연습을 직장에서 하다가 눈치 없게 행동하는 사람으로 낙인찍히면 그 이미지를 뒤집기는 힘듭니다. 눈치가 없다면 조직에서는 처음에 눈치를 보며 눈치가 빠른 상태까지 개선하려는 노력을 하시기 바랍니다.

　행동 위주의 훈련 중에서도 앞서 알려드린 공식에 따르는 안전한 시도는 조직 내에서 하셔도 괜찮습니다. 하지만 눈치가 없는 상태에서는 안전한 것이 무엇인지 판단하기 어렵기 때문에 조직 내에서는 상대나 상황을 파악하는 힘을 기르는 연습을 해 보시길 권합니다.

　행동 훈련은 후유증이 남지 않을 인간관계에서 시도해 보는 편이 좋습니다. 예를 들어 좋은 관계를 유지하고 있는 가족이나 오래된 친구들과 같이 신뢰 관계가 충분히 쌓인 관계나 반대로 새롭게 참여하는 모임과 같이 추후에 문제가 남지 않을 이들을 상대로 설정하는 것입니다. 다만 당연히 무례한 행동을 하거나 상대에게 피해를 끼쳐서는 안 되겠지요.

　공식을 실행해 보는 행동 훈련 과정에서도 상황을 파악하며 그 상황을 후에 다시 복기하는 과정이 필요합니다. 그래서 미리 상황을 시뮬레이션해 본 후 모임에 나가 실행해 보고 만약 예측대로 되지 않았다면 다시 대화를 복기하며 대화 준비를 보정해 나가야 합니다.

　혹시라도 내가 눈치가 완전히 없는 사람이라는 생각이 들어도 좌절할 필요 없습니다. 앞에선 본 바와 같이 눈치도 체계적으로 알면 충분히 배우고 공식을 따라 훈련해서 키울 수 있습니다. 누구라도 상황을 파악하고 훈련하는 구체적인 방법을 익히고 꾸준히 연습해 체득하면 언제 어디서나, 누구와 마주하게 되든 자연스러운 대화를 이어갈 수 있으니까요.

2장
말하기 전에 생각했나요?

괜히 아는 척하다가 낭패 보지 않으려면

 많은 사람들이 눈치에 관해 한 가지 오해를 하고 있습니다. 눈치가 있는 사람들은 모르는 것을 아는 척할 수 있어서 좋을 것이라는 생각입니다. 하지만 눈치가 좋은 사람은 모르는 것을 아는 척하는 것보다 오히려 아는 것을 모르는 척하는 경우가 더 많습니다.

 일상생활에서 모르는 척은 아는 척보다 훨씬 더 유용하게 사용되곤 합니다. 특히나 눈치가 있다면 지위가 올라가고 권위가 생길수록 아는 것도 모르는 척해야 얻을 수 있는 이점이 더 많습니다.

아는 척 vs 모르는 척

어린아이라면 모르는 것을 아는 척할 때 눈치를 많이 활용합니다. 아이들끼리 대화할 때도 아는 척을 하는 아이들이 대화를 주도하는 경우가 많이 있지요. 사회에서도 일을 시작하여 배워가는 입장이라면 아는 것을 모르는 척할 필요가 없고 그렇게 하면 정말 모르는 사람이 되어 부족하게 여겨집니다. 즉, 성숙한 상태가 아니라면 아는 척하기 위한 눈치를 많이 활용해야 할 수도 있습니다.

똑같이 모르는 입장이거나 미성숙한 상태라면 자신만 아는 척을 하며 무리에서 빛나는 경우가 있기도 합니다. 다만 아는 척을 했다가 모르는 것이 들통났을 때는 단순히 눈치가 없는 사람이 아니라 진실성이 없는 사람으로 낙인찍히고 많은 기회를 잃어버릴 수도 있으니 조심해야 합니다.

반대로 아는 것을 모르는 척하는 것은 상대의 마음을 열고 정보를 더 많이 얻을 수 있다는 장점이 있습니다. 그래서 성숙한 입장에서 지혜로운 사람이라면 주로 활용하는 눈치입니다. 미성숙한 입장이라 해도 모르는 것을 드러낼 때 얻을 수 있는 것이 있습니다. 다만 이때는 부족한 사람이라는 이미지가 아니라 부족한 점을 인정할 줄 아는 솔직한 사람이라는 이미지를 남겨야 합니다. 이를 위해서는 노력, 진실함, 당당함을 보여야 합니다.

노력했다는 모습이 없이 무조건 모른다는 태도로 일관하는 건 불성실함으로만 비치게 되어 구제불능이라는 왜곡된 이미지를 심어줄 수 있습니다. 진실함은 상대가 정보를 주었을 때 그것이 진실되게 쓰일 것이라는 신뢰를 주어 상대 입장에서 양질의 정보를 주려는 노력을 하게 됩니다. 당당함이 없이 말한다면 얕보이게 될 수도 있습니다. 상대가 성숙하지 못할수록 이런 위험은 더 큽니다.

만약 권위가 있는 사람이라면 아는 것을 모르는 척했을 때 오히려 새로운 것을 알기 위해 노력하는 사람이라는 듯한 인상을 줄 수 있습니다. 또한 보통 권위 있는 사람은 자신보다 아래에 있는 사람을 굳이 속일 필요가 없으니 진실하게 느껴질 것이고 당당한 모습 또한 자연스럽게 표출될 것이기 때문에 아는 것을 모르는 척하기가 쉽습니다. 하지만 권위가 있는 사람 중에는 아는 척을 해야 직성이 풀리고 상대의 부족함을 드러내야 속이 시원한 사람들이 있지요. 그런 사람들은 자신의 권위만큼 성숙하지 못한 사람들입니다.

모르는 척의 힘

대화 상황에서도 동일한 상황이 펼쳐집니다. 상대가 나의 단점이나 부족함을 더 신경 쓰고 주목하고 있다면 굳이 모르는 척을 할 필요는 없습니다. 하지만 이미 신뢰가 쌓여 있고 인정받는 상황이라면 모르는 척하며 자연스럽게 자신을 낮추면 상대는 많은 정보를 기꺼이 줍니다.

이는 자존감과도 연관이 있습니다. 만약 스스로 부족한 것을 느끼고 있는 상태라면 아는 척하는 것을 참을 수 없겠죠. 자신에 대해 부정적인 생각만 가득하다면 자신이 무언가를 모른다는 사실을 인정하는 것이 괴로운 일이 되겠지요. 그래서 먼저 자신에 대한 믿음과 여유를 가지는 것이 필요합니다. 눈치를 챈다는 것은 남의 마음을 그때그때 상황으로 미루어 알아내는 것인데, 내가 아는 척을 하면 할수록 상대는 더 이상 정보를 주지 않기 때문에 눈치채는 것이 힘들어집니다. 아이러니하게도 모르는 것을 아는 척하는 데 눈치를 쓰면 점점 더 눈치가 없어지게 되는 것이지요.

모르는 척하는 대화의 예시를 하나 보시겠습니다.

A : "제가 사는 곳이 신축 건물이라 좋은 점이 많아요."

B : "신축이라고 하시니 이사 가신 지 10년이 채 안 되었겠네요. 그런데 신축이라는 게 보통 지은 지 몇 년 이내인 건물을 말하는 거죠?"

A : "보통 지은 지 5년 이내인 건물을 신축이라고 하잖아요. 누가 10년씩이나 된 건물을 신축이라고 하겠어요?"

B : "아, 제가 잘 몰랐나 보네요. 예전에 제가 부동산 거래를 할 때, 10년이 안 된 건물이니까 신축이라고 말한 사람이 있어서요."

B : "그건 거래할 때 호구처럼 보이셔서 그런 거 아니에요?"

A : "제가 그랬나 보네요. 알려주셔서 감사해요."

    이 대화 예시는 제가 실제 들었던 대화를 각색한 것입니다. 저 대화에서 A는 상대가 신축 건물 기준을 잘 모를 수도 있다는 생각에 폭넓게 기간을 제시하며 상대가 자연스럽게 자신의 이사에 대한 정보를 흘릴 수 있도록 모른 척하고 있습니다. 그런데 B는 상대가 정말 모른다는 생각과 자신이 무시당했다는 생각에 오히려 상대를 무시하고 있습니다.

만약 A가 자신에 대한 믿음이 없던 사람이었다면 호구처럼 보였을 것이라는 말에 발끈했을지도 모릅니다. 하지만 재미있게도 이 대화가 이루어졌던 곳은 사실 A의 소유인 건물이었습니다. A씨는 자신이 무수한 부동산 거래를 해보았고 현재의 자신에 대해 자신이 있었기 때문에 상대의 무시에도 모른 척 유쾌하게 대화를 마무리 지을 수 있었습니다. 만약 A가 여유가 없이 대처했다면 어떤 대화가 이루어졌을까요?

> A : "제가 사는 곳이 신축 건물이라 좋은 점이 많아요."
> B : "신축이라고 하시니 이사 가신 지 10년이 채 안 되었겠네요. 그런데 신축이라는 게 보통 지은 지 몇 년 이내인 건물을 말하는 거죠?"
> A : "보통 지은 지 5년 이내인 건물을 신축이라고 하잖아요. 누가 10년씩이나 된 건물을 신축이라고 하겠어요?"
> B : "원래 신축은 빈 땅에 새로 지었다는 의미이지 연도 기준이 들어있는 게 아녜요. 신제품이라는 게 새로 만든 제품이지 제작된 지 얼마 이내인 제품이라는 뜻이 아니잖아요? 부동산 잘 모르시는 것 같아서 맞춰드리려고 했는데 역시나 잘 모르시네요."

어떻습니까? A가 자신의 지식과 경험을 뽐내긴 했지만 결과적으로 A는 전혀 얻은 것도 없고 서로 기분만 상하는 결과가 되었습니다. 만약 B도 여유 있고 상대의 모른 척도 이해하며 대응했다면 어땠을까요?

A : "제가 사는 곳이 신축 건물이라 좋은 점이 많아요."
B : "신축이라고 하시니 이사 가신 지 10년이 채 안 되었겠네요. 그런데 신축이라는 게 보통 지은 지 몇 년 이내인 건물을 말하는 거죠?"
A : "보통 5년 정도라고 알고 있어요. 제가 전문가가 아니라 정확하진 않을 수 있어요. 전 재작년에 이사 왔거든요."
B : "아, 그렇군요. 덕분에 신축 정보도 잘 알게 되었네요. 이사 하셔서 어떤 점이 좋으세요? 저도 좋은 점이 있는 곳 있으면 항상 가보고 싶어지거든요."
A : "저도 그래요. 제가 실은 이사 하려고 엄청 돌아다녔어요. 그러다가 제가 좋아하는 것이 무엇인지도 알게 되었고요. 제가 이사 온 곳의 좋은 점은, 그중에 특히……."

첫 번째 대화 예시에서는 분위기가 좋게 마무리되긴 했지만 A 입장에서는 다른 목표가 없다면 굳이 B와 친해지고 싶은 마음은 없을 것입니다. 두 번째 대화 예시를 보면 아마 서로 다시 보고 싶지 않았겠지요. 세 번째 대화의 경우 표면적으로는 모르는 척하며 주관적인 정보들이 오고 가고 있지만 관계가 지속되면서 언제든지 바로잡을 기회가 올 것입니다. 그리고 더욱 깊은 이야기가 오고 가게 되겠지요.

이것이 바로 '모르는 척의 힘'입니다. 성숙한 사람은 모르는 척을 잘할뿐더러 상대가 모르는 것이 있어도 무시하지 않습니다. 대화의 기술을 아는 것도 중요합니다. 하지만 결국 이를 체득해 실제 관계에서 활용하고 싶다면 내면의 성숙함을 기르는 노력도 필요합니다.

지금 이 대화, 나만 불편한가요?

 눈치는 상황 파악으로 시작합니다. 상황 파악은 나 자신, 상대, 관계, 조직으로 구분하여 파악할 수 있습니다. 이번 장에서는 나의 상황을 파악하는 방법부터 알려드리겠습니다. 먼저 다음으로 보여드리는 도표를 통해 일반적으로 대화할 때 자신과 상대가 각각 얼마나 편안함을 느끼고 있는지에 관한 구분해 볼 수 있습니다. 세로축은 대화를 할 때 자신이 얼마나 편안함을 느끼는지에 대한 척도이고, 가로축은 상대가 얼마나 편안함을 느끼는지에 대한 척도라는 걸 참고해 편안함의 정도가 어디쯤 인지 표에 직접 체크해 보세요.

편안함의 척도

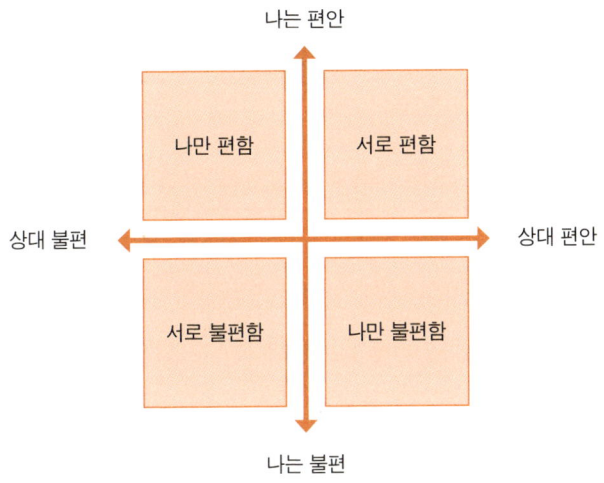

자, 여러분은 위의 기준에서 어디에 체크를 하셨나요? 그리고 위의 도표 중에 가장 문제가 심각한 상태는 어디라고 생각하시나요?

이 질문에 나와 상대 서로 불편한 영역이 가장 안 좋은 상태라고 생각하는 사람들이 많습니다. 하지만 이 상황보다 더 문제가 되는 부분은 나만 편한 영역입니다. 왜냐하면 이 영역에 있으면 나는 편하기 때문에 문제를 개선할 생각을 안 하는 경우가 많기 때문입니다. 또한 상대가 왜 불편한지도 모르고 나처럼 상대도 편할 것이라고 착각하고 있는 경우도 많습니다. 그러니 가장 좋은 영역인 서로 편한 영역을 골랐을 때 한 번쯤 자신의 판단을 스스로 의심해 볼 필요도 있습니다.

우리는 얼마나 편안한 대화를 하고 있을까?

이제 앞서 살펴본 나와 상대방의 편안함 척도가 각각 어떤 특징을 가지는지, 또 어떻게 개선해나갈 수 있을지 한번 살펴보겠습니다.

① 나만 편한 영역

이 영역에 머무는 사람들이 주로 하는 말이 있습니다.

"일단 내가 편해져야 하는 것 아닌가요?"

물론 내가 편한 상태여야 편하게 상대를 대할 수 있고 자연스럽게 말을 할 수 있겠지요. 그런데 일단 내가 편해지겠다는 말에서의 '일단'은 복잡한 것은 싫다는 뜻이고 '내가 편해져야 한다'는 것은 상대가 편하지 않아도 내가 편한 것이 우선이라는 말입니다. 상대가 불편한데 혼자 편하다는 것은 상대가 원하는 것을 전혀 모르고 있을 가능성이 크다는 것이지요.

어려서부터 타인에 대한 관심을 두어서 자연스럽게 눈치를 익히고 상황 파악이 되고 있다면 자신이 편한 것이 상대도 편한 상태가 될 것입니다. 하지만 이런 자연스러운 훈련을 하지 않고 이제 와서 혼자만 편하겠다는 것은 발전하지 않겠다는 것과 같습니다. 그래서 이 영역에 머무는 사람에게 필요한 것은 선택입니다. 계속 나 혼자 편안할지 상대의 편안함에도 관심을 둘지 선택해야 합니다.

이 두 가지 선택지 중 만약 계속 나 혼자 편안하기로 선택했다면 상대의 불편함에 신경 쓰지 않기로 한 것입니다. 상대가 관계를 거부하는 상황보다 상대를 알아가는 것에 더 큰 스트레스를 받는다면 할 수도 있는 선택입니다. 이 경우, 낮은 확률이지만 자신의 편안함을 존중해 주고 자신을 편안하게 느끼는 상대를 만나게 되기를 바라면 되겠습니다.

다만 편안함을 선택하고서 상대가 자신과 관계를 만들지 않으려는 것에 원망하거나 좌절해선 안 됩니다. 이는 본인이 한 선택에 따라온 결과니까요. 나만 편하기를 선택하고 다른 것까지 얻고자 하는 것은 욕심입니다.

남들은 타고났는데 왜 나만 노력해야 하냐는 생각도 잘못된 접근입니다. 왜냐하면 그들도 타고난 것이 아니라 지금껏 지속적으로 조금씩 노력을 해온 것이기 때문입니다. 눈치를 봐야만 하는 상황에 노출되며 자연스럽게 익혀온 것입니다. 이는 보통 둘째 아이가 눈치가 빠르다거나 학대를 받은 아이들이 타인의 거짓말을 알아낼 확률이 높다는 실험 결과 등을 보아도 알 수 있습니다. 물론 낮은 확률이지만 운 좋게 자신이 편하게 행동하는데도 서로 편하게 되는 경우 또한 있습니다. 그렇지만 그렇게 드물게 일어나는 일이 나에게는 일어나지 않았다고 한탄하는 것은 아무 의미 없겠지요. 그리고 그렇게 보이기만 할 뿐일 가능성이 더 큽니다.

반대로 상대에게 관심을 두기로 선택했다면 한동안 불편할 것입니다. 상대가 갑자기 편해지지도 않겠지요. 아마 평소에 하지 않던 일을 해야 하니 많은 에너지를 쏟아야 할 것입니다. 그래서 일단 자신부터 편해지라는 말이 달콤하게 들리며 그냥 살던 대로 살고 싶어질 수도 있을 것입니다. 하지만 변화를 생각한다면 선택한 것을 밀고 나가며 지속적인 훈련을 해야 합니다. 그리고 일단 선택하는 순간 다음 영역인 '② 서로 불편한 영역'으로 들어가게 됩니다.

② 서로 불편한 영역

이 영역에 머무는 사람들은 대화가 두렵습니다. 누구도 편하지 않기 때문에 왜 대화를 하는지도 잘 모릅니다. 화술을 배우려하거나 스몰토크에 목마른 사람들은 대개 이 영역에 머물러 있습니다. 가장 문제가 되는 영역은 아니지만 가장 힘든 영역인 것은 사실입니다. 그래서 많은 사람들이 이런 생각을 합니다.

"불편한 대화를 왜 해야 하는지 모르겠어요."

당연히 할 수 있는 생각입니다. 내가 불편함을 무릅쓰고 말을 거는데 상대도 불편한 것이 느껴지는 상황이기 때문입니다. 하지만 이 영역에 머물고 있는 것은 과정이라고 생각해야 합니다. 만약 여기서 '일단 내가 편해져야지'라고 생각해 버린다면 다시 '① 나만 편한 영역'으로 바로 이동하게 됩니다. 한번 이 영역으로 다시 돌아가면 다시 대화를 연습하는 것은 더 힘들어집니다. 시도했다가 포기했던 기억이 두려움으로 자리 잡은 데다가 현재의 편안함이 달콤하기 때문입니다.

이 영역에 있는 사람들이 꼭 기억해야 할 사실이 있습니다. 바로, 스스로의 에너지를 관리해야 한다는 것입니다. 훈련을 목적으로 하더라도 불필요한 인간관계를 너무 많이 가지다 보면 스트레스를 관리하기가 어려워집니다. 원래 스트레스는 변화 자체에서 오는 것이기 때문에 발전하는 것조차도 스트레스가 될 수 있습니다. 우리가 신경 써서 관리해야 하는 것은 욕심을 내 무리하게 유지하는 인간관계보다는 나 자신의 에너지입니다. 특히나 내향적인 사람들은 타인을 만나는 일에 자신의 에너지를 크게 소비합니다. 그렇기 때문에 소비된 에너지는 개인적으로 휴식 시간을 가지며 충분히 보충할 수 있어야 합니다. 만약 화술을 위해 인간관계를 갖는 시간을 늘렸다면 혼자서 할 수 있는 새로운 취미도 가지는 것이 좋습니다.

그리고 타인을 비하하거나 단점을 들추며 자존감을 높이는 이들과의 인간관계까지 유지하려고 애쓸 필요도 없습니다. 같은 직장이거나 가족이라면 어쩔 수 없지만 정리할 수 있는 인간관계라면 과감히 정리할 필요도 있습니다. 여러분의 에너지는 생각보다 넘쳐날 수는 있지만 무한하지 않습니다. 에너지를 잘 관리하면서 인간관계를 갖다 보면 어느새 상대가 편안함을 느끼는 시점이 올 것입니다. 그리고 이때, 우리는 '③ 나만 불편한 영역'으로 이동하게 됩니다.

③ 나만 불편한 영역

이 영역에 머물러 있다면 아마도 억울한 느낌이 들 것입니다. 대화하는데 상대는 편하고 나만 불편하다니 이렇게 손해 보는 장사가 어디 있을까 생각할 수 있습니다. 그래서 이 영역의 사람들은 이렇게 물어보곤 합니다.

"대화하려고 이렇게까지 해야 하나요?"

이 질문에는 정말 쉽게 대답해 드릴 수 있습니다.

"네. 그래야 합니다."

여기서 편해지려고 마음을 먹어도 이미 어떻게 하면 상대가 편한지 알기 때문에 상대가 불편을 느끼는 순간 자신도 편안함을 느낄 수 없습니다. 그래서 절대 '① 나만 편한 영역'으로 갈 수가 없습니다. 상대를 신경 쓰지 않으려고 해도 이미 상대의 생각이 읽히고 대화의 흐름이 보이기 때문에 상대가 불편해한다면 그것을 느낄 수 있습니다. 그래서 상대가 불편한데 나만 편한 영역으로 갈 수는 없습니다. 포기하고 한참이 지나면 감각이 무뎌지고 눈치가 없어져서 다시 나만 편해질 수도 있겠지만 그것도 고통의 시간을 지나야 합니다. 퇴보를 위해 고통받느니 조금 더 노력해서 지금까지 노력을 보상받는 것이 남는 장사가 아닐까요?

내가 불편한데도 상대를 편하게 해주고 있다는 것은 좋은 연기를 하고 있다는 뜻도 됩니다. 이 연기는 절대 나쁜 것이 아닙니다. 상대가 어떤 말과 행동을 원하는지 눈치로 파악할 수 있고 행동으로 이어지는 것입니다. 다만 연기를 한다는 표현을 하는 것처럼 전에 하던 모습과 다르기 때문에 스스로 불편함을 느끼고 있는 것이지요. 그래서 이 영역에 머무르고 있다면 반드시 기억해야 할 것이 있습니다. 바로 목표를 잊지 말아야 한다는 것입니다.

눈치를 키우고 상대와의 스몰토크를 연습하는 데는 나만의 목적이 있었을 것입니다. 어떤 영역에서 출발하였다 하더라도 이 영역까지 오기 쉽지 않았을 것입니다. 만약 원래 상대를 편하게 해주는 것을 잘했다면 그만큼 유리한 상황이었던 것이고요. 내가 불편한 것을 참고 이 영역에 머물며 타인을 이해하고 대응하는 훈련을 계속한다면 눈치가 확실하게 생깁니다. 그 눈치가 온전히 자신의 것이 되면 연기하려고 하지 않아도 자연스럽게 해야 할 말과 행동을 하게 되는 순간이 오게 됩니다. 그때가 바로 마지막 단계인 '④ 서로 편한 영역'으로 들어서는 순간입니다.

④ 서로 편한 영역

이 영역은 눈치를 개발하고 스몰토크를 시도할 때 최종 목표로 삼아야 하는 영역입니다. 이 영역에 이르면 나도 편하고 상대도 편하니 자연스러운 대화로 정보를 나누며 빠르게 친밀해질 수 있게 됩니다. 다른 영역에서 충분히 경험을 쌓으며 인내해야 무의식적으로 눈치를 파악하고 그에 맞는 행동을 하여 서로 편한 상태에 다다를 수 있습니다.

나의 상황을 개선해 보자

①에서 ④까지의 영역들은 순서가 있습니다. 현재 머물고 있는 영역이 다르다고 할지라도 순서를 건너뛰는 것은 불가능합니다. 가장 문제가 있는 것은 '① 나만 편한 영역'입니다. 이때 상대가 불편하다는 것을 깨닫고 변화를 추구하려고 마음을 먹는 순간 '② 서로 불편한 영역'으로 이동하게 됩니다. 이것은 마음먹는 것과 거의 동시에 이동하게 됩니다.

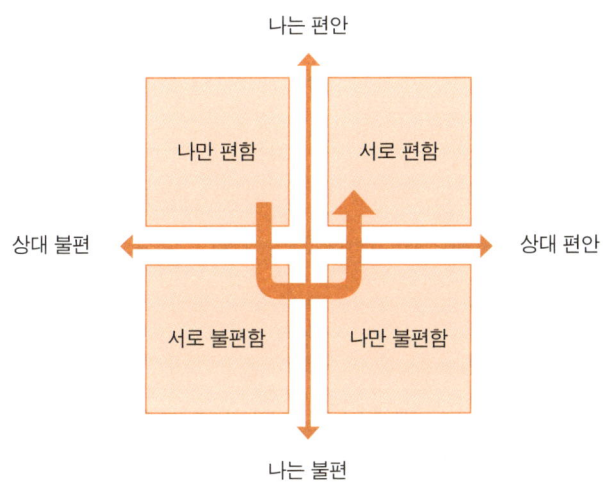

그다음으로 연습과 경험을 쌓다 보면 상대를 편하게 해주는

방법을 익히게 됩니다. 그래서 '③ 나만 불편한 영역'에 다다르게 됩니다. 이 영역으로 이동하는 것은 연기를 배우고 의식적으로 행동하는 것이기 때문에 목표만 잊지 않는다면 그리 오래 걸리지 않습니다.

문제는 '③ 나만 불편한 영역'에서 '④ 서로 편한 영역'으로 이동하는 것입니다. 모든 영역 이동 중에서 가장 긴 시간과 많은 노력이 필요합니다. 즉, 어디에서 출발하였건 최종 영역으로 갈수록 영역 이동에는 더 긴 시간과 노력이 투자되어야 합니다.

이 영역들을 이동하려면 꼭 기억해야 할 규칙들과 조언이 있습니다. 먼저 규칙부터 세 가지로 말씀드리겠습니다.

첫째, 자신의 수준을 파악해야 합니다.

이것은 쓸데없는 욕심을 내지 말아야 한다는 것과도 같은 말입니다. 현재 서로 불편한데 갑자기 서로 편해지려 해도 상대에게 편하게 하라고 해봐야 나만 편한 것이 될 뿐입니다. 서로 편한 것이 가능한 사람의 자연스러운 스몰토크를 그대로 흉내를 내다가 눈치 없는 사람으로 찍힐 수도 있습니다. 후유증이 없을 다양한 곳에서 자신의 수준을 가늠해 둘 필요가 있습니다. 비판에 귀를 열고 주변 사람들이 흔쾌히 비판해 줄 수 있도록 여유 있게 대처해야 합니다.

둘째, 목적을 기억해야 합니다.

누구나 '③ 나만 불편한 영역'을 지나는 순간이 옵니다. 그때 목적이 없이 인간관계를 형성하고 훈련하고 있다면 쉽게 좌절하고 자괴감에 빠질 수 있습니다. 그래서 여러분은 각자 목표를 가지고 변화에 임해야 합니다. 과정을 거치면 여러분의 목적을 이룰 수 있는 효율적인 눈치와 그를 통한 자연스러운 스몰토크의 기술이 체득될 것입니다.

여기서 말하는 목적이란 여러분이 스스로 납득시킬 수 있는 것이어야 합니다. 남들이 말하는 목표는 정작 여러분들이 난관에 부딪혔을 때 쉽게 흩어져버립니다. 온전히 여러분 스스로 확신하는 목표만이 여러분이 힘들 때 이겨내는 원동력이 될 수 있습니다.

셋째, 인내해야 합니다.

위의 네 가지 영역 중에 자신이 편한 것은 '① 나만 편한 영역'과 '④ 서로 편한 영역' 이 두 가지입니다. 이는 가장 좋은 상황과 가장 나쁜 상황이지요. 인내하지 않고 얻은 편안함은 가장 문제가 심각한 상황이고 인내 후에 얻은 편안함은 최고의 상태가 됩니다. 아리스토텔레스가 2,000년도 훨씬 더 전에 '인내는 쓰지만 그 열매는 달다'고 했습니다. 어쩌면 우리가 수백 번도 더 들었을 정도로 유명한 말이지요. 하지만 이보다 더 정확하게 자신의 상태를 개선하여 눈치를 키우는 과정을 설명할 수는 없을 것 같습니다. 여러분의 인내는 절대 여러분을 배신하지 않을 것입니다.

인내하는 당신을 위해

대화에 임하는 상대가 편안한지, 그리고 그 과정에서 나는 얼마나 편안할 수 있는지 파악하며 개선해 나가는 과정은 쉽지 않습니다. 이 과정에서 지치거나 포기하지 않기 위해 다음의 네 가지 조언을 꼭 기억하시기 바랍니다.

첫째, 새로운 인간관계에 도전하세요.

기존의 인간관계로만 눈치를 변화시키거나 연습을 이어 나가기는 어렵습니다. 실수할 경우 돌이키기 어려울 수도 있지요. 새로운 인간관계들을 많이 만들려고 노력하다 보면 다양한 사람들 중에 자신과 비슷한데 눈치가 빠르고 스몰토크를 잘하는 사람을 만날 수도 있고 다른 모임에 가서 그 사람처럼 행동해 볼 수도 있습니다. 다양한 대화를 경험하는 만큼 다양한 시도를 해볼 수 있게 되기 때문에 눈치를 빠르게 키우고 검증해 볼 수 있습니다.

둘째, 상대가 떠나는 것을 두려워하지 마세요.

눈치를 키우고 새로운 인간관계에 도전하다 보면 자연스럽게 다양한 사람들과 친분을 쌓게 될 것입니다. 새롭게 무언가를 얻게 되면 사람은 두려움을 느낍니다. 변화하는 상황 자체로도 두려울 수 있지만 지금 얻은 것이 내 것이 아닌 것 같아 금방 잃게 될 것만 같은 두려움이 생겨나게 됩니다. 그래서 더 관계 형성에 집착하게 되고 무리하게 자신을 변화시키려고 애를 쓰기도 합니다.

이런 마음이 강하다면 보통 서로 불편해지고, 아무리 노력해도 나만 불편한 상태에서 더 이상 나아지지 않게 됩니다. 누군가의 감정의 쓰레기통을 자처하다 지치거나 반대로 상대의 감정에 과도하게 호소해서 상대를 지치게 만들기도 합니다. 사람이 떠나는 것을 두려워할 필요 없습니다. 만일 누군가 떠난다고 해도 자책할 필요는 없습니다. 잘못이 있었다면 최선을 다해 사과하고 같은 실수를 반복하지 않으려고 노력해야겠지만 그래도 여러분 곁을 누군가 떠나겠다면 그것은 그 사람의 선택입니다. 존중해 주어야 합니다. 그것은 여러분 스스로 성숙해지는 방법이기도 합니다.

간혹 사람을 잃는 것이 두려워 새로운 인간관계에 도전하지 못하고 있는 경우도 있을 수 있습니다. 하지만 인생을 크게 보면 죽음이 올 것이 당연한데도 열심히 살고 그래서 이 책을 읽고 있는 것 아닌가요? 여러 시도를 해보고 나의 영역이 바뀌는 경험을 하다 보면 자연스럽게 이겨낼 수 있습니다.

셋째, 외로움은 스스로 이겨내세요.

외로움은 우리 각자의 몫입니다. 가끔은 누군가를 만나는 것을 통해 외로움이 해결되는 것처럼 느껴질 때도 있습니다. 하지만 그것은 온전한 해결이 아니라 일시적으로 다른 것에 몰입해 잠시 외로움의 존재를 잊은 것입니다. 평소에 외로움과 같은 부정적 정서를 스스로 이겨내 외부에 의존하지 않아도 괜찮은 상태라면 사람을 만나는 것이 좋은 일이 되고 인간관계를 스스로 컨트롤할 수 있습니다.

반면에 평소 계속 외로움과 같은 부정적인 감정에 몰입되어 있다가 누군가를 만나 잠시 일상적 정서를 느끼게 된 후 다시 원래의 부정적인 감정으로 돌아가게 되면 중독과 유사한 상태가 될 수 있습니다. 비슷한 예로 기분 좋을 때 술을 마시는 것은 쉽게 중독이 되지 않지만 부정적인 감정을 이겨내기 위한 목적으로 술을 마시면 중독이 되어버립니다. 술에 끌려다니는 인생이 되어버릴 수 있습니다. 인간관계도 마찬가지입니다. 자신의 외로움을 누군가로 해결하려 들면 상대를 편하게 해주는 것이 아니라 그저 끌려다니게 될 뿐입니다.

외로움은 스스로 이겨내야 합니다. 이를 위해 작은 목표들을 세우고 하나씩 이뤄나가는 것에 행복감을 느끼도록 하는 것이 좋습니다. 작은 행복들을 기억하며 일상을 채워나가고 평소에 자신이 외로움과 같은 부정적인 감정에 침식당하지 않도록 유지하는 것이 필요합니다.

넷째, 여유롭되 명확해지세요.

여유롭되 명확한 것을 보통 '쿨하다'고 표현합니다. 쿨하다는 것은 참 어려운 일입니다. 사람은 순간순간 감정도 북받칠 수 있고 그로 인해 할 말을 못 하거나 해서는 안 될 말을 해버리기도 합니다. 자존감이 낮아질 때가 있을 수도 있고 그로 인해 타인의 말을 곡해해서 화를 내기도 합니다. 하지만 이 모든 것은 후회를 남깁니다.

쿨해져야 하는 이유는 스스로 후회하지 않기 위해서입니다. 변화의 과정에서 후회가 자꾸 남는다면 앞으로 나아가기 힘듭니다. 여유를 갖는다는 것은 나의 기준만이 옳다는 생각을 버리는 것입니다. 그러면 감정이 흔들리는 것을 줄일 수 있습니다. 상대의 관점도 이해하게 됩니다. 명확해진다는 것은 스스로에게 확신을 갖고 사실에 대해 명확하게 전달할 수 있어야 한다는 것입니다. 여기에는 상대가 전달을 받을 준비가 되어 있는지 확인하는 것도 필요합니다. 이를 위해서는 상대를 살피는 능력과 스스로를 믿는 마음이 갖춰져야 합니다. 이 능력은 자책이 아니라 개선을 위해 자신을 들여다보는 과정에서 생겨납니다.

우리가 아직 이런 말 할 사이는 아니지만

 자신과 상대가 얼마나 편안한 상태로 대화를 하고 있는지 잘 판단했는데도 간혹 난감한 상황이 펼쳐질 때가 있습니다. 친하다고 생각해서 한 행동에 상대는 무례함을 느끼거나 반대로 예의를 갖추려고 한 행동에 서운함을 느끼기도 합니다. 친밀해졌다고 생각한 상대가 갑자기 어색하게 행동하기도 하고 어떤 이는 부담스럽게 다가오기도 합니다.

 이런 일이 벌어지는 이유는 현재 나와 상대와의 친밀도가 어느 정도 쌓인 건지 상대와 나의 거리를 제대로 파악하지 못했기 때문입니다. 이를 예방할 수 있도록 관계 상황을 어떻게 판단하면 좋을지 알아봅시다.

관계 상황을 판단하는 기준은 '친밀한 정도'와 '현재의 분위기' 두 가지입니다. 그에 따라 총 네 개의 상황으로 구분해서 행동을 선택해야 합니다. 최종적으로 친밀하면서 분위기도 좋은 관계를 만들기 위해 먼저 상대와 지금껏 얼마나 친밀함을 만들어 두었는지, 현재 분위기가 어떤지 판단하여야 합니다. 만약 상대와 친밀한 정도나 분위기를 판단하는 것이 어렵다면 다음의 질문들을 참고해 보시기 바랍니다. 각각 최소 7개 이상의 항목에 해당될 때 상대와 내가 친밀하거나 분위기가 좋다고 판단할 수 있습니다.

관계 상황 척도 테스트

1. 친밀도 레벨
- ☐ 서로의 최근 정보가 공유되어 있다.
- ☐ 사회적 혹은 개인적 입장을 알고 있다.
- ☐ 사적인 고민이나 약점에 대해 알고 있다.
- ☐ 상대가 싫어하는 것에 대해서도 알고 있다.

- ☐ 서로 편하다는 느낌을 받는다.
- ☐ 서로 감정 변화를 잘 알아낸다.
- ☐ 정기적으로 만나거나 수시로 만날 계획을 갖고 있다.
- ☐ 함께 식사를 한다면 좋을 것 같다.
- ☐ 서로 만나는 것이 즐겁다.
- ☐ 서로 기꺼이 도움을 주고받을 수 있다.

2. 분위기 레벨

- ☐ 대화가 끊이지 않고 이어진다.
- ☐ 대화를 한 사람이 점유하고 있지 않다.
- ☐ 한 사람이라도 억지스럽게 참여하고 있지 않다.
- ☐ 어색한 침묵이 흐르지 않는다.
- ☐ 시선을 수시로 마주치며 미소가 오간다.
- ☐ 서로 상대가 관심 있는 것에 귀를 기울인다.
- ☐ 어떤 주제로도 대화가 잘 되는 편이다.
- ☐ 서로 많은 정보를 주려고 한다.
- ☐ 서로 충분히 고개를 끄덕여준다.
- ☐ 필요하다면 유쾌하게 상대의 잘못을 얘기할 수 있다.

친밀도 레벨과 분위기 레벨의 항목에서 각 몇 점이 나왔는지 합산해 보고, 아래의 표에서 상대와의 관계 상황이 어디에 해당하는지 표시하세요.

- 친밀도 레벨 : _____ 점
- 분위기 레벨 : _____ 점

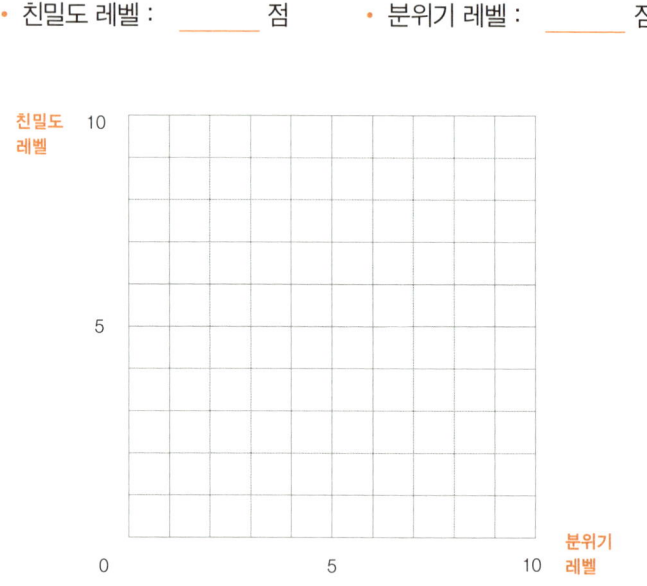

우리는 과연 어떤 관계일까?

이제 상대와의 관계가 어떤 영역에 있는지, 그 영역은 어떤 상태를 의미하는지 확인해 봅시다.

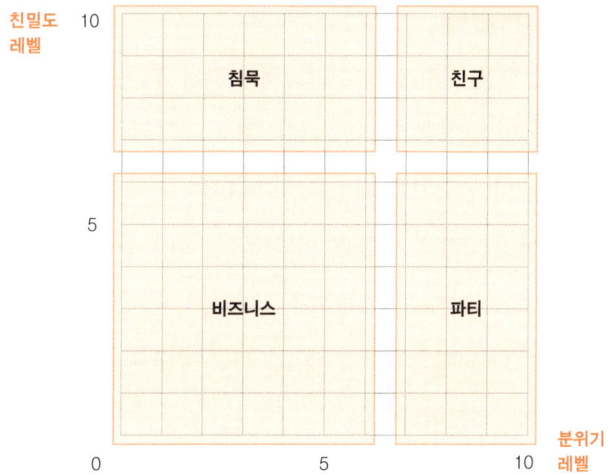

　이 테스트로 구분할 수 있는 관계 상황은 네 가지지만, 실제 상황은 매우 다양하고 복잡합니다. 또한 여러분 개개인의 차이와 관계를 맺고 있는 사람들의 차이가 있을 것입니다. 따라서 위의 질문들은 참고로 하되 여러분의 현 상황에 맞춰 더 많이 생각해 보고 경험을 토대로 판단해야 합니다. 만일 눈치가 전혀 없을 경우 제시해 드린 기준에 의존해 관계 상황을 파악해 봐도 좋지만, 눈치가 빨라진 이후에는 본인만의 체크 리스트를 만들어 자신만의 기준을 세워 보길 바랍니다.

① 비즈니스 상태

친밀도를 쌓을 기회가 아직 없었거나 맞지 않는 부분으로 인해 친밀해지기 어려웠던 상황입니다. 서로 공유된 것이 많지 않고 딱딱한 대화가 오가기 때문에 비즈니스적 관계와 유사한 영역입니다. 이런 상황에 머물러 있다면 '② 파티 상태'로 이동하는 것을 목표로 해야 합니다. 분위기가 좋아지지 않고 친밀도를 올리기는 힘들뿐더러 한 번에 '④ 친구 상태'로 이동하는 것도 불가능하기 때문입니다.

물론 비즈니스 상태에 머물며 거리를 두는 것을 선택할 수도 있습니다. 하지만 분위기를 올려두면 다시 만날 기회가 생기거나 서로 더 깊은 이야기를 하게 되면서 자연스럽게 '② 파티 상태'를 거쳐 '④ 친구 상태'로 이동할 수 있습니다. 이를 위해서는 가벼운 스몰토크로 시작하는 것이 좋습니다. 친밀도를 높이려고 욕심낼 필요 없습니다. 친밀도를 높이려고 개인적인 질문들을 하게 되면 오히려 상대에게 무례한 행동이 될 수 있고 부담을 주어 거리가 더 벌어질 수도 있습니다.

큰 문제없이 좋은 분위기로 시간을 들여 관계를 이어가다 보면 친밀도는 보통 자연스럽게 올릴 수 있습니다. 그래서 이런 상황에서는 좋은 인상의 사람이라는 기억을 남겨야 합니다. 다시 보자는 제안에 상대가 흔쾌히 좋다고 하거나 그 정도가 되지 않아도 나중에 다른 기회로 만났을 때 반가울 수 있을 정도면 충분합니다.

스몰토크 중에서도 상황에 따라 날씨나 직장 이야기 등 서로에게 공통적으로 해당하는 주제로 가볍게 이야기를 시작하는 것이 좋습니다. 또한 상대가 편하게 대답할 수 있도록 처음에는 어느 정도 예상할 수 있는 말을 하여 상대가 편하게 대답할 수 있도록 배려해 주는 것이 상대에게 부담을 주지 않는 방법입니다.

② 파티 상태

아직 친밀도를 쌓을 기회는 없었지만 분위기 좋아서 대화가 잘 통하고 있는 상황입니다. 서로 아는 것은 별로 없지만 자연스럽고 밝은 분위기이기 때문에 파티와 같은 상황입니다. 이런 상황이라면 자연스럽게 '④ 친구 상태'로 가는 것을 목표로 하면 됩니다. 물론 그렇게 되기까지는 시간이 필요할 수도 있기 때문에 항상 과욕은 금물입니다. 당장 친구 관계가 되지 않아도 됩니다. 상대가 선택할 수 있도록 여지를 두고 파티 상태에서 최선을 다하면 상대가 먼저 기꺼이 '④ 친구 상태'로 넘어가고자 할 것입니다. 목표 달성은 다음을 기약하되 현재에 충실하겠다는 생각으로 임하길 바랍니다.

다만 다음에 만났을 때도 그와 같은 관계 레벨을 유지해야 합니다. 이미 말도 놓고 편하게 대화하던 사이가 되었다가 다시 만났을 때 다시 처음 만났을 때처럼 서먹하게 대한다면 이는 0점이 아니라 마이너스 효과가 됩니다. 만약 친밀도가 5점 정도가 된 상태에서 헤어졌다면 다음에 만났을 때도 5점에 가깝게 상대를 대해야 합니다. 그렇게 조금씩이라도 친밀도를 높여가야 '④ 친구 상태'가 될 수 있습니다.

이 상황에서의 요령은 우선 자신의 정보를 주면서 상대가 자연스럽게 정보를 주도록 유도하는 것입니다. 이는 3장에서 배울 스몰토크 공식을 잘 활용하는 것으로 해결할 수 있습니다. 정보를 주고받는 과정을 거치면서 공통의 관심사나 상대의 관심사를 알아내어야 합니다. 상대가 어떤 이야기를 하고 싶어 하는지 파악하고 상대가 대화에 몰입하고 즐거움을 느끼도록 만들어 주면 자연스럽게 다음 약속을 잡고 친밀도를 계속 높여갈 수 있습니다.

③ 침묵 상태

친밀도가 충분히 쌓였지만 대화가 자연스럽게 오가지 않고 불편함이 감도는 상황입니다. 서로 친밀하기 때문에 오히려 대화를 시도하기 힘든 침묵 상황입니다. 이런 상황이라면 '④ 친구 상태'로 가려고 목표를 잡기 쉽지만 실제로는 그렇지 않습니다. 이 상황에서 목표로 할 것은 눈치 있게 행동하는 것입니다. 좋은 분위기로 만들기 위해 말을 건네고 상대를 이끌려는 선한 의도가 상대에게는 함부로 대하는 것처럼 여겨질 수 있습니다. 만약 상대가 그렇게 느끼게 된다면 친구 상태는커녕 '① 비즈니스 상태'로 내려가 버릴 수도 있습니다. 심한 경우 관계가 단절될 수도 있겠지요. 그래서 눈치가 중요합니다.

그럴 때는 상대가 원하는 것이 진짜 침묵인지 아니면 힘들게 꺼낼 말을 들어주기를 바라는 것인지 확인해야 합니다. 섣불리 넘겨짚어서 물어보거나 단언하지 말고 상대가 알아서 이야기할 수 있도록 두세 번 정도 열린 질문을 해보는 것으로 확인할 수 있습니다. 이때 자신의 상황을 먼저 풀어내어 상대가 자연스럽게 자신의 이야기를 할 수 있도록 배려해 주는 것이 좋습니다. 예를 들면 다음과 같습니다.

"난 요즘 회사에서 힘들게 지내다 보니까 같이 이야기할 사람이 필요하다는 생각이 많이 들더라. 넌 요즘 어때?"

상대가 원하는 것이 이야기를 들어주는 것이나 함께 있는 것이 아니라면 짧게 만나고 헤어지는 것도 좋은 선택일 수 있습니다. 친밀도가 높다면 '④ 친구 상태'로 가는 것은 언제든지 가능합니다.

④ 친구 상태

친밀도도 높고 분위기도 좋은 친구와 만나는 것과 같은 상황입니다. 이 상황은 편하고 자연스럽게 대화가 오가기 때문에 서로 즐거운 상태일 것입니다. 이 상황이 되기까지 눈치와 스몰토크를 잘 활용하였거나 이런 것 없이도 상대와 아주 잘 맞는 부분이 있었을 것입니다. 그래서 웬만한 대화는 다 좋은 소재로 쓰일 것이기 때문에 편하게 이야기를 주고받으면 됩니다. 다만 몇 가지 주의해야 할 것이 있습니다.

첫째, 상대의 약점을 건드리지 말 것.

대화가 편해지고 상대가 친밀해지면 관심을 받으려는 목적이거나 아예 의식하지 못하고 상대의 약점을 건드리는 실수를 할 수 있습니다. 아무리 가까운 관계라고 할지라도 약점을 건드리는 말을 하게 되면 사람의 마음을 친밀해진 만큼 마이너스 효과를 내어 오히려 증오하는 마음이 생겨날 수 있습니다. 친해진 만큼 상대의 콤플렉스나 과거의 상처 등을 먼저 언급하거나 상대가 언급하더라도 가볍게 대응하지 않아야 합니다. 이때는 공감하고 교감을 하며 상대가 원하는 것을 파악해 나가는 것이 중요합니다.

둘째, 오버하지 말 것.

더 분위기를 좋게 만들려는 욕심 때문에 오버하게 되면 자연스러웠던 분위기가 부자연스러워지고 분위기가 오히려 다운됩니다. 상대가 나를 배려해 자연스럽게 느끼는 척해주고 있을 수도 있지만, 그렇다면 상대는 곧 지칠 것입니다. 리액션을 해줄 때도 갑자기 과도하게 하는 것은 오히려 신뢰를 잃을 수 있습니다.

셋째, '③ 침묵 상태'로 가는 것을 두려워하지 말 것.

오버하거나 어떤 실수를 하게 되면 상대와의 관계가 '③ 침묵 상태'로 바뀌면서 다음을 기약해야 하는 상황이 올 것입니다. 하지만 그런 잘못 없이도 '③ 침묵 상태'가 될 수 있습니다. 영원한 것은 없고 최고조의 어떤 것이 계속 유지될 수도 없습니다. 분위기가 엄청나게 좋다면 그만큼 휴식도 필요합니다. 그래서 '③ 침묵 상태'로 가는 것은 자연스러운 현상입니다. 다만 이 과정에서 침묵 상태가 두려워서 다시 분위기를 올리려고 안달하면 역효과가 날 뿐입니다. 여유를 가지고 상대가 원하는 것을 파악하면서 다시 대화를 시도해 보고 필요에 따라 마무리를 잘 지으면 '④ 친구 상태'로 오래 남을 수 있습니다.

여기까지 관계 상태에 따른 네 가지 영역을 살펴보았습니다. 이 영역을 구성하는 친밀도와 분위기 정도는 지난 시간과 현재를 모두 포함하기 때문에 더욱이 지금의 상황을 잘 파악하는 것이 중요합니다. 따라서 새로운 사람들과 인간관계를 맺을 때 체크 리스트를 토대로 잘 관찰하는 훈련을 하면 좋습니다. 또한 한번 친밀함이 생긴 사람들에 대한 기억을 잘해야 합니다. 이런 작은 부분에 주의를 기울이면 여러분이 원하는 누구라도 좋은 친구 상태로 이끌어갈 수 있을 것입니다.

침묵을 깨보려다 무리수를 던지는 실수

앞서 상대와의 관계 상황을 돌아보며 침묵이 이어지는 관계에 대해 이야기해 보았습니다. 침묵 단계의 지향점은 어색한 침묵을 깨고 친구가 되는 것이지만, 종종 관계의 상태에 따라 상대가 정말로 침묵을 원하는 것인지 확인해야 할 때가 있습니다. 현재 침묵 상태라 하더라도 상대가 사실은 침묵을 원하지 않을 수 있고 그 반대의 경우도 있을 수 있습니다. 침묵을 원하는 상대와 대화를 하려다 보면 어느새 서로 불편해지기도 합니다. 아무도 원하지 않는데 서로 헛된 노력을 하고 있는 꼴이지요. 이를 파악하기 어려운 건 보통 사람들은 '나는 지금 침묵을 원해'라고 말하지 않는다는 사실입니다. 그렇다면 상태가 침묵을 원하는지 아닌지는 어떻게 알아낼 수 있을까요?

긴가민가해 확인하기 힘들고 감을 믿고 실행했다가 낭패를 볼 가능성이 있을 때는 과학적 추론 방법을 활용하는 것도 좋은 방법입니다. 과학적 추론은 먼저 가설을 세우고 그에 따라 관찰이나 실험하고 검증하며 결론을 내리는 방법입니다. 이 추론 과정에 대해 조금 더 자세히 설명해 보겠습니다.

똑똑, 혹시 침묵을 원하시나요?

우선 추론의 첫 과정인 가설 세우기는 당장 확신할 수 없는 사실에 대해 예측해 보는 것입니다. 여기서 중요한 것은 확신하지 않는다는 것입니다. 대화 상황에서 상대가 침묵과 대화 둘 중에 무엇을 원하는지 눈치채기 힘든 경우라면 먼저 다음과 같은 가설을 세워봅니다.

'혹시 상대가 침묵을 원하고 있는 것은 아닐까?'

가설은 언제든지 틀릴 수 있습니다. 상대가 침묵을 원하고 있다고 확신을 가져버리면 상대가 아무리 대화를 원하는 신호를 보내도 들을 수 없습니다. 그래서 가설을 세우는 것입니다.

확신은 다음 단계들을 거치고 가져도 늦지 않습니다. 이런 가설은 항상 필요한 것은 아닙니다. 상대가 원하는 것을 파악하는 경험을 많이 할수록 확신을 가지고 가설을 세울 수 있게 될 것입니다. 가설이 거의 사실로 판명나는 것이지요. 하지만 처음에는 이런 명중률을 기대하기 힘드니 눈치를 키운다는 생각으로 자주 가설을 세워볼 필요가 있습니다. 특히 상대가 평소와 좀 다른 느낌이거나 상대가 말하는 양이 적다고 느껴지면 위와 같은 가설을 세우고 다음 단계인 관찰 과정을 실행해 보길 바랍니다.

침묵을 원하는 사람의 특징

관찰은 내가 세운 가설이 타당한지 파악하기 위한 목적이 있습니다. 관찰을 거치면 상대가 침묵을 원한다는 확신까지는 생기지 않을 수도 있지만 그 가설을 폐기할 수는 있습니다. 다음 세 가지 기준을 가지고 관찰을 하면 상대가 원하는 것을 파악할 수 있습니다.

첫째, 원래 상대의 모습과 지금 대화하고 있는 모습을 비교해 보는 것입니다. 이런 판단을 잘하기 위해서는 평소에 사람들을 만날 때 기준점을 잡아두고 그것을 기억하려는 노력이 필요합니다. 처음 보는 사이라면 이 기준에 대한 관찰은 생략할 수밖에 없습니다. 어두워 보이거나 차갑게 느껴지거나 말수가 적다 하더라도 그것이 평소에도 그런 것이라면 상대가 침묵을 원할지 모른다는 가설은 폐기해도 됩니다.

다만 처음 만났을 때부터 지금껏 상대는 계속 침묵을 원하고 있었는데 자신이 그것을 몰랐던 것일 수도 있으니 만약 이런 눈치에 대해 스스로 한 번도 생각해 본 적이 없다면 침묵을 원할 수도 있다는 가설을 유지해야 합니다. 타인의 평소 모습에 대한 이해가 부족하다면 상대가 다른 사람들과 어울리는 모습도 참고해야 합니다. 혹시 상대가 어울리는 사람이 넘치는 밝은 에너지의 소유자라면 그 사람과 어울리고 있는 상대의 모습이 현저히 밝을 것입니다. 하지만 이런 에너지의 소유자를 만나면 자기도 모르게 밝게 행동하게 되기 때문에 그런 모습과 비교할 필요는 없습니다. 이런 상황 때문에 나에게만 어둡게 행동한다는 오해는 하지 않아도 됩니다.

둘째, 현재 대화 중에 말이 오갈 때와 침묵이 흐를 때 모습을 비교하는 것입니다. 단순히 말을 하고 안 하고의 문제가 아닙니다. 상대의 표정과 시선을 잘 관찰해야 합니다. 침묵이 흐를 때 편안해서 한 번도 침묵을 깨려고 하지 않거나 여러분이 침묵을 깼을 때 상대가 입을 꽉 다무는 표정이 스쳐 간다면 침묵을 원하고 있을 가능성이 큽니다. 물론 상대가 긴장하거나 대화에 서툴러서 침묵을 못 깨는 것일 수도 있습니다. 이때 여러분이 침묵을 깨주면 미안해하거나 밝은 표정을 짓습니다. 이 경우는 보통 입이 웃거나 입술을 깨무는 정도의 표정이 나오고 눈은 웃거나 멋쩍은 듯 찡그려지게 됩니다. 반응을 비교했을 때 침묵이 흐를 때와 말이 오갈 때의 표정과 시선에 차이가 없다면 상대가 원하는 것은 침묵이 아닐 가능성이 큽니다. 하지만 그래도 확신을 갖는 것보다는 마지막 단계인 실험 과정으로 넘어가서 최종 확인하는 것이 좋습니다.

셋째, 성격을 판단하는 것입니다. 특히 상대가 외향적인지 내향적인지 알면 상대의 현재 태도를 읽기 쉽습니다. 외향과 내향은 에너지의 방향이 바깥쪽인지 안쪽인지를 말해주는 것입니다. 예를 들어 외향적인 사람은 에너지가 바깥을 향하기 때문에 사람들과 교류하는 것에서 에너지를 얻습니다. 말을 하면서 생각이 정리됩니다. 그래서 대화 도중 말이 바뀌는 경우가 종종 있습니다. 반대로 내향적인 사람은 혼자 있을 때 에너지를 얻습니다. 생각이 정리되어야 말을 합니다. 그래서 말이 바뀌는 경우가 거의 없습니다.

이 기준으로 상대를 판단하였을 때 상대가 외향적인데 말을 아끼고 있다면 정말 침묵을 원하는 것일 수도 있습니다. 반대로 내향적인 사람이 말을 하지 않고 있다면 할 말을 생각하고 있거나 무슨 말을 할지 몰라 난처한 상황일 수도 있습니다. 위의 기준들로 잘 관찰했다 하더라도 상대의 성격 때문에 기준에서 벗어나 침묵을 원하는 것처럼 보일 수도 있습니다. 그래서 상대의 기준들을 생각할 때 상대의 성격을 함께 고려해 판단해야 합니다.

만약 여러분이 외향적이라면 특히 내향적인 사람의 말을 기다려줄 필요가 있습니다. 침묵을 자연스럽게 여기고 상대의 말을 기다리면서 침묵을 한 번씩 깨준다면 상대는 감사하게 생각할 수 있습니다. 이처럼 상대와 성격이 다르다면 특히 배려하고 이해하면서 대화를 이어 나가야 합니다.

확신을 원한다면 도전하라

과학적 추론의 마지막 단계는 실험입니다. 실험은 과학실에서만 하는 것이 아닙니다. 침묵을 원한다는 가설을 세우고 관찰을 해본 후 그것이 유효하다면 실험을 통해 결과를 확인하고 확신을 가져야 합니다. 과학실도 아니고, 인간관계에서 '실험'이라는 표현을 쓰니 무례하거나 차갑게 들릴 수 있습니다. 하지만 이는 오히려 상대를 배려하기 위한 실험입니다. 왜냐하면 이 실험은 내가 잘 인식하지 못했던 상대의 진짜 속마음을 찾고, 그것을 통해 상대를 편안하게 만들어 관계를 계속 잘 이어 나가기 위한 목적이기 때문입니다. 이 단계에서는 이 실험의 목적을 잘 기억하면서 상대를 판단해야 합니다. 그렇다면 실험 단계에서 지켜야 할 세 가지 수칙과 실행 방법에 대해 알려드리겠습니다.

첫째, 첫술에 배를 채우려 하면 안 된다는 것입니다. 예를 들어 대화 연습을 하겠다는 욕심에 대화 초반에 3분간 엄청나게 대화를 시도하다가 갑자기 침묵을 3분간 유지하며 상대를 지켜본다면 대화하고 싶던 상대도 그 마음이 사라질 것입니다. 처음에는 짧고 약한 변화를 주면서 상대를 파악해 보고 확신이 서지 않는다면 점진적으로 차이를 크게 두면서 실험을 진행해 보는 것이 좋습니다. 상대가 침묵을 원할지도 모른다는 생각에 빨리 실험을 마치고 자리를 떠야겠다고 섣불리 판단한다면 스스로 편견이 생겨서 상대를 제대로 관찰할 수 없게 됩니다.

둘째, 자신만의 표준을 유지하는 것입니다. 즉, 대화의 맥락과 큰 관계없이 자신의 태도가 밝았다가 어두워지거나 적극적이었다가 소극적으로 변하는 등 종잡을 수 없게 바뀐다면 상대를 판단할 수 없습니다. 물론 일부러 태도의 변화를 강하게 주면서 상대의 변화를 파악하는 방법도 있습니다. 하지만 그런 것은 목적에 맞춰 정해진 변화를 주는 기법입니다. 이런 것이 아닌 상대의 태도에 따라 자신의 태도가 변하고 조급하거나 말을 해야 한다는 부담감에 짓눌려 있으면 상대를 절대 파악할 수 없습니다. 상대가 어떤 변화를 보일 때 그 이유가 내가 한 어떤 행동 때문이라면 상대가 원하는 것을 판단하는 것이 아니라 그저 내 행동에 대한 반응을 살피는 결과가 되기 때문입니다. 더구나 심리적으로 안정이 되어 있지 않으면 객관적인 관찰조차 할 수 없습니다.

셋째, 상대의 기준점을 머릿속에서 계속 잡아보아야 합니다. 처음에는 단순하고 주관적인 기준만 잡을 수밖에 없을 것입니다. 하지만 계속해서 관찰하고 실험하다 보면 자연스럽게 상대의 기준이 알게 되고 변화가 있을 경우 실험이나 관찰하지 않아도 자연스럽게 느낌이 오는 수준에 오를 것입니다. 기준점을 잡기 위한 항목들은 101쪽의 〈상대의 기준점을 잡기 위한 체크 포인트〉를 참고하면 좋습니다.

밀고 당겨보면 답이 보인다

실험의 첫 번째 스텝은 관찰을 확장하는 것입니다. 의도적으로 상황을 만들고 상대의 기준점과 실험 상황을 비교해서 판단하는 것이지요.

우선 상대와의 스몰토크를 멈추고 침묵을 시작해 보세요. 이때 상대의 표정이 더 편해진다면 굳이 대화를 이어가려고 애쓸 필요 없습니다. 차분히 상대의 생각이 정리되거나 이야기할 마음이 들기를 기다려주면 됩니다. 침묵을 원하고 있을 가능성이 크기 때문에 스몰토크를 시도할 노력은 하지 않아도 됩니다. 상대가 만약 침묵이 아닌 대화를 위해 고민하고 있다 하더라도 시간을 주는 것이 좋습니다. 만약 상대의 표정이 긴장하고 불편하게 보인다면 그것은 침묵이 싫거나 침묵을 원하는데 당장 상황이 난감해서일 수도 있습니다. 그래서 이 경우는 잠시 상대를 살핀 후 다시 침묵을 깨면서 상대를 파악해야 합니다. 그 외에 미소를 짓는 것과 같이 편안한 표정이었는데 빠르게 굳은 표정으로 바뀌거나 표정이 바뀌는 찰나의 기색이 불편할 경우 상대가 불편해하고 있다고 판단하고 침묵을 깨보면서 다시 판단을 시도해야 합니다.

그다음 실험해 볼 상황은 스몰토크로 침묵을 깨보는 것입니다. 여러분이 침묵을 다시 깨는 이 순간, 보통 상대가 원하는 것이 무엇인지 파악할 수 있습니다. 만약 상대가 불편한 표현을 하는 것처럼 보였는데 여러분이 침묵을 깼을 때 더 불편하게 보인다면 상대는 대화를 원하지 않을 가능성이 큽니다. 물론 상대는 원래 대화하고 싶었는데 대화를 하면서 어떤 무례함에 불쾌감을 느꼈거나 싫어하는 소재의 대화만 오가는 중이라 이제 싫어진 것일 수도 있습니다. 이런 일을 예방하기 위해 상대가 원하는 것을 파악해 나가면서 대화해야 합니다.

보통 대화 상대가 먼저 침묵을 깨고 대화를 이어 간다면 감사함을 느끼고 상대에게 어떤 보상을 줍니다. 그것은 언어적인 형태일 수도 있지만 미소나 고개 끄덕임, 시선 등의 동작으로도 표현이 되고, 더 많은 정보를 기꺼이 주려는 태도로도 나타납니다. 아무리 침묵이 지속된다 하더라도 상대가 변화를 보이는 이런 보상이 있다면 대화를 더 이어 나가도 좋습니다. 만약 상대가 불편해하는 것처럼 느껴지지 않는다고 해도 기준점에 비해 이런 보상적인 변화가 전혀 없다면 상대가 침묵을 원한다는 가설은 유효합니다. 이처럼 확신이 안 섰다면 침묵을 좀 더 길게 유지한 뒤 침묵을 깨면서 상대의 반응을 다시 살펴봅니다. 이때 실험을 위한 침묵은 아무리 길어져도 7초를 넘기지는 않는 것이 좋고 3번 정도 시도해 보면 파악이 될 것입니다.

마지막 실험은 상대에게 정보를 많이 전달한 후 질문했을 때 나에게 다시 돌아오는 정보의 양을 파악해 보는 방법입니다. 만약 여러분이 정보를 아무리 많이 준다 해도 상대가 주는 정보의 양이 계속 일정하게 적다면 상대는 침묵을 원하고 있을 가능성이 큽니다. 여기서 판단의 기준은 여러분 자신과 상대가 주고받은 양이 아닙니다. 상대가 주는 정보의 양이 여러분의 정보에 따라 변화하는가를 보는 것입니다. 침묵이 아무리 길고 불편해 보여도 답변 내용이 충실하고 많은 정보가 담겨 있다면 상대는 침묵을 원하는 것이 아닙니다. 물론 상대가 원래 정보를 주는 것에 서툰 사람일 수도 있다는 변수도 있으니 다른 상황과 함께 종합적으로 판단하시기 바랍니다.

변수는 언제나 존재한다

 실험을 마쳤다면 이제 대화를 마무리 짓고 다음을 기약할지, 좀 더 스몰토크를 시도해 볼지 결론을 내리고 선택해야 합니다. 상대에 대한 확신이 섰어도 만약 상대가 내성적인 사람이라면 스몰토크 공식에 맞는 사소한 질문을 한 번 더 건네보는 것도 좋습니다. 그리고 꼭 명심해야 할 것은 상대가 침묵을 원하는 이유가 있더라도 이야기 방향에 따라 얼마든지 바뀔 수 있다는 것입니다. 만약 스몰토크에 익숙하지 않은 상태인데 상대가 흥미를 잃었다는 관찰과 실험 결과가 나왔으면 흥미를 끌 만한 주제로 바꿔서 다시 확인해 보는 것도 좋은 방법입니다. 스몰토크에 익숙한 상태에서 상대가 침묵을 원한다는 결과가 나왔다면 대화를 잘 마무리하는 것이 좋습니다.

대화가 어려운 이유는 돌발 상황이 많고 하나의 결과가 다양한 이유에 의해 발생했을 수 있기 때문입니다. 그래서 평소에도 상대의 기준에 대해 생각하고 상대의 변화를 관찰하되 그것만으로 확신을 갖지 말고 상대의 성격이나 다른 이유들을 함께 고려하며 다양한 가설을 세워보길 바랍니다.

☑ 상대의 기준점을 잡기 위한 체크 포인트

    대화는 상대와 나의 상호작용이 자연스럽게 일어날 때 매끄럽게 연결됩니다. 상대가 침묵을 원하는지 아닌지 알아내기 위해 우선 나의 기준점을 잡아야 하듯, 대화에 임하는 상대의 기준점 또한 잘 파악해야 합니다. 아래로 상대의 기준을 파악해볼 수 있는 몇 가지 항목들을 알려드리지만, 중요한 점은 한 가지 조건만으로 상대의 마음을 확신해서는 안 된다는 것입니다. 항목들을 참고해 기준점을 마련하면서 동시에 여러 가지 근거를 수집하고, 확신을 갖기 위해서는 관찰과 실험의 다른 결과들을 종합적으로 판단해야 합니다.

하나, 말투를 읽어라
    말의 내용이 아닌 말하는 태도 또한 상대에 대한 많은 정보를 내포합니다. 상대가 평소에 혹은 대화 중에 어떤지 항목별로 잘 기억해 두시면 침묵할 때 변화를 읽어내는 데 큰 도움이 됩니다.

- 속도

말의 속도가 빨라진다는 것은 대화에 집중하고 있는 경우도 있지만 긴장하거나 말을 빨리 마치려는 경우도 있습니다. 말이 평소보다 빠른데 설명이 상세하지 않고 고개를 끄덕이는 빈도가 현저히 줄었다면 침묵을 원할 가능성이 큽니다. 하지만 하나로 확신하지 말고 기준 항목에 넣어서 기억해 두고 변화가 생길 경우 다른 항목과 비교하여 판단해야 합니다.

- 높낮이

목소리가 낮아질 경우 상대를 집중시키려는 목적일 수 있고 중요한 이야기 혹은 주제 자체가 어두운 경우일 수 있습니다. 반대로 이야기에 흥미를 잃었거나 스스로 집중을 못 하는 경우일 수도 있습니다. 이 차이는 낮은 목소리에서 나오는 이야기가 얼마나 중요한 것인가로 유추해 볼 수 있습니다. 또한 낮은 목소리가 지속된다면 침묵을 원하는 것일 가능성이 큽니다.

• 크기

목소리의 크기도 높낮이와 비슷합니다. 작은 목소리가 지속된다면 상대의 목 상태가 안 좋은 것일 수도 있지만, 침묵을 원하고 있을 가능성이 있습니다.

둘, 얼굴을 읽어라

대화를 할 때 즉각적으로 가장 많은 변화를 읽을 수 있는 곳이 바로 표정입니다. 상대의 표정에 기준점을 잡아두면 변화를 감지하는 데 유용할 뿐만 아니라 나도 상대와 비슷한 표정을 내보이며 친근함을 줄 수도 있습니다.

• 미소

평소에 상대와 대화를 나눌 때 침묵이 지속되는 상황과 침묵이 깨지는 상황 등으로 구분하여 상대가 짓는 미소의 양이 언제 많아지는지 판단하는 것은 매우 중요한 일입니다. 상대의 기준을 잡는 것이 어렵다면 가장 먼저 확인해야 하는 항목 중 하나입니다. 미소가 줄어든다는 것은 침묵을 원하거나 침묵이 깨지기를 원하는 것입니다. 상황에 맞춰 판단하되 그 근거가 될 수 있는 기준이니 잘 기억해야 합니다.

- 시선

상대가 평소 대화를 나눌 때 시선을 어느 정도 맞추는지 기준을 세워두면 변화가 있을 때 가장 쉽게 감지할 수 있습니다. 시선은 미소와 함께 가장 중요한 근거가 되는 요소입니다. 다만 갑자기 시선을 잘 마주치지 못한다는 것은 긴장하거나 거짓말을 하거나 무언가를 생각하거나 단지 침묵하고 싶은 등 여러 가지 이유가 있을 수 있으니 바로 어떤 결론을 내버리면 안 됩니다.

- 찰나의 변화

이것은 상대가 미소를 짓거나 시선을 마주치는 등 어떤 표정이 생겼다가 다른 표정으로 변화할 때의 순간을 잡아내는 것입니다. 미소가 짧게 유지되고 일상적인 표정으로 돌아갈 때 그 시간이 평소보다 짧거나 너무 길다면 그 미소는 꾸며진 것일 가능성이 큽니다. 물론 꾸며진 미소라고 나쁜 것은 아닙니다. 단지 긴장해서 그럴 수도 있고 더 잘해보고자 애를 쓰는 것일 수도 있습니다. 하지만 이런 것을 잡아내기 위해서는 평소에 어떤지 잘 기준을 세워두어야 합니다.

셋, 행동을 읽어라

한국인은 몸동작이 작고 빈도도 적은 사람들이 많습니다. 그렇기 때문에 오히려 제스처의 변화가 생긴다면 이는 심경 변화가 큰 상황일 수 있습니다. 그래서 평소에 상대의 동작을 잘 기억해 두는 것이 아주 유용할 것입니다.

- 고개 끄덕이기

미소, 시선과 더불어 가장 중요하고 쉽게 확인할 수 있는 요소입니다. 여러분이 말할 때 상대의 고개 끄덕임이 어느 정도인지, 상대가 말할 때 스스로 고개를 끄덕이는지 등 평소에 충분히 기준을 세워놓아야 변화가 생겼을 때 근거로 쓸 수 있습니다. 원래 고개를 끄덕이는 데 서툰 사람들도 분명히 있으니 고개를 끄덕이지 않는다고 해서 바로 상대가 침묵을 원한다고 생각해서는 안 됩니다.

- 빈도와 크기

손이나 다른 신체 부위를 얼마나 쓰면서 이야기하는지 파악해 두면 갑자기 그러한 동작의 빈도가 줄었거나 변했을 때 상대의 심리가 변했음을 감지할 수 있습니다. 이때 동작의 크기는 상대의 몸을 기준으로 생각하면 됩니다. 평소 몸 바깥으로 손이나 팔꿈치 등이 나가던 사람이 나가지 않고 있다거나 그 반대인 경우 상대가 변화가 있다고 판단하면 됩니다.

넷, 내용을 읽어라

대화의 내용과 위에서 설명한 말투, 표정, 행동들이 서로 일치한다면 내용을 곧이곧대로 들어도 괜찮지만 그렇지 않은 경우도 많다 보니 말의 내용을 신뢰하지 못하고 실제로는 어떤 의미가 담겨있는지 고민하는 경우가 많습니다. 하지만 같은 내용도 우회해서 분석해 보면 상대의 여러 가지 심리를 알아낼 수 있습니다.

- 말의 양

평소보다 말이 많거나 적은 것은 그 사실만으로도 메시지를 담고 있습니다. 갑자기 말수가 줄었다면 대화 소재에 대해 잘 모르는 상황이거나 지루함을 느끼는 상황일 가능성도 있습니다. 말의 양에 대해서 기준점을 잡을 때는 상대가 대화 소재에 따라 변동이 얼마나 있는가도 판단해 두는 것이 좋습니다.

- 시점

평소 자신 있게 대화를 주고받다가 갑자기 자신이 없게 느껴지는데 그 이유를 알 수 없는 경우는 상대가 평소 쓰지 않던 시점으로 이야기하고 있을 가능성도 있습니다. 들은 이야기라고 말을 한다거나 평소 직접 대화한 문장들을 인용하다가 그냥 제삼자 입장에서 상황만 설명하는 식으로 이야기하고 있다면 상대가 대화를 귀찮아하고 있거나 어떤 사정이 있을 가능성이 있습니다.

- 상세한 정도

상대의 이야기가 어느 정도 상세했는지 파악해두었다 변화를 감지하면 상대가 현재 대화를 지겨워하는지 판단하는 근거로 쓸 수 있습니다. 다만 이야기가 너무 상세해질 경우에는 오히려 거짓말을 하고 있을 가능성도 배제할 수는 없습니다.

처음에 기준점을 잡을 때 이 모든 것을 다 확인하고 기억하려면 상당히 어렵습니다. 그래서 처음에는 위의 항목들 중 미소나 고개 끄덕이기, 시선 등 세 가지 정도에 상대만의 특이한 부분을 추가로 기억하는 정도로 시작하는 것이 좋습니다. 익숙해진다면 한두 가지씩 늘려가면서 기준점 잡는 것을 익혀가셔야 합니다. 기준점을 늘려갈수록 점차 어렵게 느껴질 수도 있지만 어느 순간 몸에 익숙해지면서 의식하지 않아도 상대의 기준점이 기억나게 될 것입니다.

완벽한 대화를 위한 마인드 컨트롤

　여기까지 대화에 임하기 전 상대와 나의 관계가 어떠한지, 얼마나 편안한 상태에서 대화에 임할 수 있는지 살펴보았고 또한 표면적으로 파악할 수 없는 상태를 알아보기 위해 과학적 추론 과정도 거쳐보았습니다. 나를 알고 상대를 알면 백전백승이라고는 하지만, 사실 아는 것과 행동하는 것 못지않게 중요하게 다루어야 할 것이 하나 더 있습니다. 편안하고 즐거운 대화를 위해 계속 연습하고 도전하는 일은 쉽지 않은 과정이니, 그 과정 속에서 내 마음이 지치거나 다치지 않도록 유의해야 한다는 사실입니다.

대화를 잘 시도하기 위해서는 우선 나의 마음을 잘 관리해야 합니다. 특히 시도하기 전에 내가 이 대화를 성공적으로 이끌어낼 수 있을지 불안감이 엄습한다면 열심히 준비해 두었던 말이 부자연스럽게 나오거나 아예 나오지 않아서 귀중한 기회를 날려버릴 수도 있습니다.

이런 실패의 경험이 쌓이다 보면 좌절감을 지나 무기력감으로 연결되어 새로운 시도를 더 두렵게 만들기도 합니다. 하지만 마음 관리를 잘해두면 실패의 경험을 딛고 결국 내가 원하는 바를 이룰 수 있게 됩니다. 그러니 이제 모든 대화에 편안한 마음과 태도로 임할 수 있도록 도와줄 마인트 컨트롤 방법을 익혀봅시다.

"나도 잘할 수 있어."

마음은 자기암시를 통해 믿음을 가지는 것과 이 대화 연습의 목적을 되뇌는 것으로 관리할 수 있습니다. 여기에서 말하는 자기암시는 자신을 속이는 과정이 아닙니다. 스스로 자신의 한계를 만드는 잘못된 믿음을 깨고 새로운 믿음을 집어넣는 것입니다. 우리는 보통 한계를 규정지어버리는 믿음을 잘 인식하지 못하고 그것이 잘못된 것이라는 생각도 잘하지 못합니다. 그래서 반대로 어떤 불안이나 혹은 부정적인 생각을 긍정적인 자기암시로 대체시켜 버리면 그것을 믿음으로써 한계를 이겨낼 수 있습니다.

자기암시 중에 가장 널리 쓰이는 말은 '나는 할 수 있다'라는 단순하고도 짧은 문장입니다. 암시문은 이처럼 쉽게 떠올릴 수 있는 단순한 구조의 문장이어야 합니다. 또한 가능하면 '없다' 혹은 '아니다' 등과 같은 부정적인 단어는 포함되지 않는 것이 좋습니다. 물론 그러면서도 그 안에 필요한 의미가 담겨 있어야 합니다. 예를 들어 상대와 간단하게 대화를 나누는 상황에서 '나는 할 수 있다'라는 암시문은 아래와 같은 의미를 내포합니다.

'내가 처한 상황이 불안하게 느껴지는 것은 그 상황 때문이 아니다. 단지 나 스스로 한계를 만드는 잘못된 믿음을 가지고 있기 때문이다. 나는 할 수 있다.'

마음이 단단해지는 자기암시문

자기암시문을 실생활에서 활용하는 방법은 쉽습니다. 우선 문장의 의미를 이해하고, 문장 자체는 단순하게 기억하여 필요한 순간에 반복해서 되뇌는 것입니다. 그럼 막막함 혹은 불편함을 느끼는 스몰토크 상황에서 활용할 수 있는 세 가지 자기암시문을 알려드리겠습니다.

첫째, "나도 할 수 있다."

문장 자체는 단순하지만 문장에 내포된 아래의 의미를 이해한 후 다시 암시문을 기억하여 필요할 때 쓰도록 합시다.

'언변이 뛰어난 사람들 또한 훈련의 결과이지 잘하는 사람과 못하는 사람이 애초부터 구분되어 있는 것은 절대 아니다. 처음에는 그들이 조금 나았을지 모른다. 작은 차이로 인해 그들은 더 많은 경험을 했고 그 결과가 지금의 차이를 만든 것이다. 그러니 나도 이제 다양한 시도를 통해 경험하고 체계적으로 훈련하면 무조건 성공할 수 있다. 나는 타인에 의해 그저 말 못하는 사람으로 구분되지 않는다. 나는 내가 정의한다. 나는 긍정적이고 자존감이 높은 사람이다.'

두 번째, "그래서 어쩌라고?"

앞서 자기암시문은 부정적인 표현 대신 긍정적인 표현을 포함하는 것이 좋다고 했는데 이 말은 부정적인 뉘앙스를 내포하고 있어 암시문으로서 맞지 않다고 느끼실 수도 있습니다. 물론 상대의 말을 경청하지 않고 반박하듯이 이 말을 쓴다면 그 대화는 아주 나쁜 방향으로 흘러갈 것입니다. 하지만 대인 공포나 타인의 눈치를 보는 상황에서 적절히 활용하면 좋은 문장입니다. 자신감을 찾아야 할 때 속으로 되뇌세요.

'혹시 사람들이 날 좋아하지 않는다면 어쩌나 하는 생각이 들지만 내가 최선을 다해도 날 좋아하지 않는다면 어쩔 수 없는 노릇이다. 모든 사람이 날 좋아하길 바라는 것은 욕심이고 이루어질 수도 없는 일이다. 날 좋아하지 않게 되면 어쩌지 하는 생각은 사람들을 더 멀어지게 만들 뿐이다. 나의 최선과 노력에도 불구하고 상대가 마음을 열지 않는다면 그래서 어쩌라고, 하고 생각한 후 내가 하던 최선을 계속할 것이다.'

만약 '그래서 어쩌라고'라는 표현이 공격적으로 느껴져 자신과 맞지 않는다고 느끼진다면 '그래도 괜찮아'로 대체해도 좋습니다.

셋째, "지금은 지금이야."

이는 추상적인 말처럼 보이기도 하지만 사실 꼭 필요한 의미를 담고 있는 암시문입니다.

'예전에 대화가 잘 풀리지 않았더라도 또 그렇게 되란 법은 없다. 지금부터 내가 선택한 일은 과거와 상관없다. 지금의 나는 새로운 결과를 만들 것이다. 지금은 지금이다.'

이 암시문들과 각각의 문장이 내포하고 있는 의미는 여러 번 반복해서 읽고 꼭 마음속에 단단히 새겨 두어야 합니다. 단순히 많이 반복해 읽는다고 효과가 있는 것이 아니기 때문입니다. 여러분이 이 문장들을 기억하고 있다가 꼭 필요한 순간에 되뇌며 그 순간을 조금이라도 수월하게 이겨내는 경험을 할 때, 이 짧은 문장은 비로소 효과적인 암시문으로 여러분 머릿속에 자리 잡게 됩니다.

여기까지 소개해 드린 세 가지 암시문들을 통해 그런 경험을 하였다면 이후로도 그 암시문을 계속 사용하여 강화시키거나 나만의 암시문을 만들어 보시기 바랍니다.

한마디 대화를 통해 결국 얻고 싶은 것은

스몰토크를 잘하기 위해 계속 같은 마음을 가지고 노력하고 시도하려면 노력을 시작했던 초심을 잃지 않아야 합니다. 그것이 처음에 자신을 움직였던 목적을 계속 기억해야 하는 이유입니다. 사람은 사회적인 동물이고 대화를 나눌 사람이 필요하다는 것을 인정하고 지금 눈앞의 상대에게 함께 해줘서 감사하다는 마음을 가져야 합니다.

생각은 원래 스스로 커집니다. 특히나 부정적인 생각은 더욱 빠르게 커져 갑니다. 한번 부정적 생각이 떠오르면 다음과 같은 생각들이 계속 떠올라 머릿속을 채워갈 것입니다.

'이 상황은 너무 답답해.'

'난 누군가와 말을 나누는 게 부담스러워.'

'어서 이 상황이 끝나면 좋겠다.'

'제발 나에게 말 걸지 않았으면…….'

하지만 이는 처음의 목적을 잊었기 때문에 생각이 부정적으로 흘러가는 것입니다. 답답한 상황을 스몰토크로 바꿀 수 있다고 생각하고 부담스러운 느낌이 들더라도 목적을 기억하며 대화를 시도하면 부담이 사라지고 친밀함이 남을 것이라는 사실을 명심해야 합니다. 인간관계의 목적은 상황마다 사람마다 다를 것입니다. 하지만 즐거운 스몰토크는 그 목적으로 가는 길의 아주 훌륭한 애피타이저가 될 것입니다.

3장
말 한마디로 마음을 사로잡는 스몰토크 공식

첫 만남에 호감도를 높이는 비법

 기억력은 스몰토크를 잘하기 위해서 필요한 능력입니다. 하지만 스몰토크를 잘하게 되어 인간관계가 넓어졌을 때 더욱 크게 필요합니다. 왜냐하면 이때 기억력이 없으면 좋은 평판을 유지할 수 없기 때문입니다. '대화 기술은 연습하면 늘겠지만 기억력은 타고나는 거 아니야?'라고 생각하실 수도 있지만, 기억력 또한 대화의 기술처럼 정해진 방법에 따라 연습하고 훈련하다 보면 자연스럽게 좋아질 수 있습니다. 이때 자신의 평판을 위해서 꼭 기억할 항목들과 요령을 미리 알아두면 더 효율적으로 인간관계를 유지할 수 있습니다.

이름이 뭐였더라……?

이름을 기억하는 것은 기본적이고 당연한 일입니다. 하지만 익숙하지 않은 인간관계가 많아지면 이름을 기억하는 것이 어려워지기 때문에 신경을 써야 합니다. 간혹 상대에 대한 다른 정보는 기억하면서 정작 가장 기본적이고 중요한 이름은 기억하지 못해 상대에게 실례를 범하거나 티 내지 않고 이름을 다시 기억해 내기 위해 애를 먹기도 합니다.

이름은 처음 만나 통성명하는 자리에서 한번 듣고 쉽게 기억한 것 같아도 시간이 지나면 쉽게 흐릿해져 버립니다. 이름을 잘 기억하기 위해서는 먼저 처음에 잘 들어두어야 합니다. 혹여나 잘못 들었을 때 실례가 될까 봐 되묻지 않고 그냥 흘려버리면 안 됩니다.

"방금 잘 못 들었네요. 다시 들려주실 수 있을까요? 제가 요즘 귀가 좀 안 좋은가 봐요."

이런 정도로 가볍고 겸손하게 다시 물어보면 됩니다. 만약 다시 묻기가 어려운 상황이라면 그 사람의 이름을 아는 제삼자에게 묻거나 나중에 이름의 의미를 묻는 식으로 다시 이름을 들어두어야 합니다. 이름을 들었다면 의식적으로 상대 이름을 언급하며 대화하면 좋습니다.

- "아, 그럼 ○○ 씨는 ~을 하신 거군요."
- "○○ 과장님 생각은 어떠세요?"
- "○○님, 정말 창의적이시네요. 멋진 비유예요."

이렇게 대화 속에서 자연스럽게 상대의 이름을 함께 언급하면 이름을 더 쉽게 기억할 수도 있고 상대에게 당신을 잘 인지하고 있다는 인상을 줄 수도 있습니다.

만일 처음 만난 상대에게 명함을 받았다면 바로 주머니에 넣어버리지 말고 명함을 잘 읽어보며 명함에 기재된 여러 정보에 관해 한두 가지 정도 질문을 하거나 언급하는 것이 기억하는 데 도움이 됩니다.

- "역삼동에서 근무하시는군요? 저도 예전에……."
- "IT 관련 일을 하시나 보군요?"
- "명함 디자인이 정말 세련되었네요."
- "로고가 참 심플하고 멋있네요."

이때 명함을 보고 말을 시작하더라도 시선을 상대의 눈으로 옮기며 질문을 해야 합니다. 테이블이 있는 곳이라면 상대 명함을 올려놓고 가끔 보면서 대화해도 됩니다. 이때 테이블에 맞춰 반듯하게 놓는 것이 예의입니다. 여러 사람과 함께 만나는 자리라면 앉은 자리 순서대로 명함을 배치하는 것이 좋습니다. 다만 사람이 많은 경우라면 명함이 옆으로 길게 늘어놓지 않도록 상황에 맞게 두는 게 좋습니다. 명함을 받고 헤어진 후에는 연락처를 바로 저장하는 것이 좋습니다. 이때 추후 다시 만났을 때 특이사항이나 상대에 대한 추가 정보를 함께 기억할 수 있도록 같이 저장해 두도록 합니다.

머리 새로 하셨어요?

만남이 몇 차례 이어진다면 일반적으로 친밀감이 올라가게 됩니다. 이 친밀감을 빠르게 올리려면 상대의 상태를 잘 기억해 두어야 합니다. 상태는 크게 외모나 소품과 같은 외적인 것과 개인사나 처한 상황 등 내적인 것이 있습니다. 이런 것들을 잘 기억해 두었다가 다시 만났을 때 상대의 상태를 기억하여 언급하는 것만으로도 친밀감이 훨씬 높아집니다.

- "머리 하셨네요? 훨씬 젊어 보이세요."
- "부장님, 오늘 10년은 젊어 보이시는데요? 무슨 일 있으세요?"
- "오늘 좀 핼쑥하게 보이는데, 무슨 일 있어?"

상태를 기억하고 언급하는 것은 좋은 평판을 만드는 데 효과적입니다. 이런 인사는 상대에게 인간적인 관심이 있고 특별하게 생각한다는 느낌을 전합니다. 상대에게 한편이라는 느낌을 갖도록 만들지요. 내 편인 사람은 나에 대해 좋은 이야기를 전합니다. 그리고 그런 이야기는 쉽게 퍼지게 되고요. 혹시 여러분에 대한 뒷담화가 퍼지려 할 때 나에 대해 긍정적인 인상을 가지고 있던 사람들이 나서서 막아주기도 합니다. 그래서 이런 상태에 대한 언급은 많은 이에게 할수록 효과가 매우 커집니다. 물론 평소 주변 사람들에게 많은 관심을 기울여야겠지요.

팀원들과 함께 점심 식사를 마치고 엘리베이터에 타고 사무실 층으로 올라가던 중에 회사의 청소를 맡고 계신 아주머니를 만났습니다. 어떻게 하시겠습니까? 최소한 인사를 해야 합니다. 그리고 덧붙여 그 아주머니의 변화된 상태가 있다면 한마디 덧붙일 수도 있습니다.

"안녕하세요, 사모님. 머리 새로 하셨네요? 훨씬 젊어 보이세요."

앞선 예시와 같은 문장입니다. 이처럼 기억해 두었다가 상황에 맞춰 쓸 수 있는 문장들이 많습니다. 이런 인사를 통해 여러분은 아주머니뿐만 아니라 엘리베이터에 함께 탄 팀원들에게도 좋은 인상을 남길 수 있습니다. 다만 팀원들에게 좋은 인상을 남기려는 목적으로 그런 인사를 하는 건 소용없습니다. 아주머니와 단둘이 엘리베이터를 탔을 때도 똑같이 대해오지 않았다면 그분도 당황하고 다른 사람들도 어색함을 느낄 것입니다. 만약 이런 인사를 처음 했다면 앞으로 계속 유지해야 합니다. 남에게 보이려 하지 말고 상대의 기분을 좋게 만들기 위해 상태를 언급하며 말하다 보면 정말 많은 것을 얻을 수 있습니다.

이 예시와 같은 상황은 그저 직장 내에서만 일어나는 일이 아닙니다. 사적인 모임에서도 똑같은 상황이 벌어집니다. 만약 여러분이 눈에 띄는 어떤 한 사람에게만 인사를 한다거나 그 사람의 상태 변화에만 깊은 관심을 보인다면 좋은 평판을 유지할 수 없습니다. 차라리 모든 사람에게 관심을 두지 않느니만 못합니다. 반대로 가능한 많은 사람들에게 관심을 두고 밝게 인사하고 상대의 상태 변화를 언급하며 친밀도를 높이면 평판은 금세 좋아집니다.

물론 기존에 있던 지인이 아닌 처음 만난 사람과도 이런 이미지를 남길 수 있습니다. 한 번이라도 갔던 매장에 다시 들렀을 때 그곳의 사장이나 종업원에게 상태를 언급하는 말을 한다면 좋은 인상을 남길 수 있습니다.

- "안녕하세요, 사장님. 오늘도 가게에 손님이 많네요. 어디 앉을까요?"
- "감사합니다. 오늘도 맛있어 보이네요. 잘 먹을게요."

이런 상태에 대한 언급은 절대 남들에게 보여주기 위해 해서는 안 됩니다. 항상 주변 사람들에게 이기적인 목적 없이 지속적으로 관심을 가지고 노력하다 보면 자연스럽게 따라오는 것이 평판입니다.

반대로 상대의 내적인 상태를 기억했다가 언급하는 것도 외적인 것과 큰 차이는 없습니다. 다만 상대의 부정적인 상태에 대해서는 언급하는 것을 주의해야 합니다. 다음은 상대의 상황을 기억하여 언급할 수 있는 몇 가지 예시입니다.

- "자녀분이 고3이라고 하셨죠? 곧 시험을 보겠네요."
- "저번에 본다던 영화 봤어? 추천해 줄만 해?"
- "이번 달에 야근 많다고 했었죠? 요즘은 어때요?"
- "이직 때문에 고민이라고 하셨는데 지금은 어떠세요?"

시험이나 이직 등 민감할 수 있는 사항에 관한 질문들은 부정적인 답변이 따라올 수 있으니 상황에 따라 조심스럽게 질문하거나 관련된 질문을 하지 않고 피하는 것도 하나의 방법입니다.

우리가 말을 놓기로 했었던가요?

인간관계가 늘고 만남이 반복되면 관계의 수준이 다양해지게 됩니다. 예를 들어, 어떤 사람과는 엄청나게 친밀한데 서로 존댓말을 쓰고 있을 수 있습니다. 반면 아직 친밀하지 않은 상대가 알고 보니 내 친한 지인의 친구였던 것을 알게 되어 자연스럽게 말도 놓고 표면적으로는 친해졌지만 아직 속 깊은 이야기는 하지 않는 관계일 수도 있습니다.

이처럼 상대와 얼마나 가까운 관계가 되었고 어떤 태도로 서로를 대하고 있는가에 따라 다양한 관계의 수준이 있습니다. 이를 기억해 두지 않으면 당황스러운 일이 벌어질 수 있습니다. 관계의 수준이 깊어졌는데 다시 만나 처음의 어색하거나 딱딱한 분위기로 대하면 상대는 서운함이나 더 나아가 배신감을 느끼게 될 수도 있습니다. 반대로 갑자기 너무 편한 분위기로 대하면 상대는 내가 부담스럽거나 무례하다고 느낄 것입니다.

관계의 수준을 잘 기억하려면 상대와 헤어질 때 뭐라고 인사했었는지 떠올려보면 됩니다. 인사했던 순간이 떠오르면 그날의 가장 주된 대화가 무엇이었는지 기억해 봅니다. 만약 상대와 어떤 대화를 나누었는지 기록한 내용이 있다면 도움이 될 것입니다. 만일 내가 이런 관계의 수준을 잘 기억하지 못해 누군가를 다시 만났을 때 자꾸 처음의 어색한 관계로 돌아가거나 반대로 너무 편안하게 대해 실례를 범하는 일이 종종 생긴다면, 상대와 헤어질 때 인사를 나눈 후 상대에 대해 다시 떠올려보고 주요한 대화 내용은 따로 기록해 두는 것이 좋습니다.

서로의 마음이 깊어지려면 관계의 수준이 후퇴하는 일이 없어야 합니다. 그리고 상대를 배려한다면 관계의 수준을 훌쩍 뛰어넘어서도 안 됩니다. 상대와의 적당한 간극을 기억하고 그에 맞는 속도와 태도로 상대와의 관계를 이어 나가길 바랍니다.

공식 1:
상대에게 나에 대한 정보를 전달하라

　대화를 잘하고 싶은데 대화를 시도하는 것조차 쉽지 않다면 이번 장의 스몰토크 공식을 꼼꼼히 읽고 반드시 실행해 보시기 바랍니다. 공식을 알고 시도해 보면 상대의 반응과 이후 대화가 완전히 개선되는 것을 느끼실 것입니다.

　스몰토크 공식은 정보를 어떻게 운용하고 쓸 것인가에 대한 전략 매뉴얼이라고 볼 수 있습니다. 공식들을 따라 하면 더 많은 정보를 모으고 그 정보들을 효율적으로 활용하는 법을 익힐 수 있습니다.

공식 1: 상대에게 나에 대한 정보를 전달하라

최소 두 개 이상의 자신 혹은 상호 공통 정보를 얹어 말과 함께 질문하기.

첫 번째 스몰토크 공식은 대화를 통해 상대의 정보를 얻기 위해 먼저 나의 정보를 자연스럽게 전달하는 것입니다. 이는 사람의 보상 심리를 이용하는 것입니다. 아무 정보도 주지 않고 긴 대답을 요구하는 논술형 질문을 해봤자 상대는 그냥 단답형으로 대답해 버리는 경우가 많습니다. 대답하는 사람의 입장에서 문맥이나 문법에 틀려도 귀찮으니 그냥 단답으로 대답해 버리는 것이지요.

하지만 질문하는 사람이 먼저 정보를 충분히 준 후 질문을 하면 대답을 하는 사람도 쉽게 단답으로만 대답하지 못합니다. 상대처럼 나도 무언가 정보를 주어야 할 것 같다는 생각이 들게 되지요. 대화에 익숙하지 않은 사람이라면 한두 번은 그냥 단답으로 할지라도 이런 성의 있는 질문을 몇 번 들으면 자기도 모르게 자신의 정보를 충분히 주게 됩니다.

물론 질문은 가능하면 개방형으로 질문하면 더 좋겠지요. 예를 들어 '오늘 모임 재미있으셨나요?'라고 물어보면 상대는 '예' '아니오'의 단답으로 대답해도 충분합니다. 반면 '오늘 모임 어떠셨어요?'라고 개방형의 질문을 하면 더 깊이 있는 이야기를 해야 하지요. 만약 정보를 전혀 주지 않고 이렇게 상대를 생각하게 만들면 무의식적으로 손해 본다는 느낌을 주게 됩니다. 그래서 내가 먼저 상대에세 정보를 주고 상대가 흔쾌히 개방형 질문에 응하도록 만드는 것입니다.

정보를 주는 목적은 상대에게 여러분을 알리기 위함이 아닙니다. 정보를 얻기 위함입니다.

> A : "주말 어떻게 잘 보내셨어요?"
> B : "네, 뭐……."

만일 아무 정보도 주지 않고 틀에 박힌 질문을 한다면 이런 정도의 단답형 대답이 돌아올 수밖에 없습니다. 하지만 대화의 공식을 적용하면 아래와 같이 상대가 더 많은 정보가 담긴 대답을 해 질문할 거리가 생기게 됩니다.

> A : "이번 주말에 태풍이 온다는 예보가 있어서 여행 취소하고

> 집에서 종일 예능만 봤는데 날씨가 너무 좋더라고요. ○○
> 씨는 주말 잘 보내셨어요?"
> B : "저도 그냥 집에 있었어요. 집에 계셔서 서운하셨겠어요."
> 혹은 "전 그냥 쇼핑 좀 하고 왔어요. 예능 뭐 재미있는 것
> 있었나요?"

이 공식을 활용할 때 상대에게 제공할 두 개 이상의 정보는 자신의 정보와 공통 정보를 혼합해서 쓰는 것이 가장 안전합니다. 만약 상대의 정보를 아는 것이 있다면 상대의 정보들을 언급하며 다음 질문으로 이어갈 수도 있습니다. 상대의 정보는 공통 정보나 자신의 정보보다 더 좋은 정보입니다. 하지만 이는 상대가 불편하게 여길 가능성이 있기 때문에 다소 주의가 필요합니다.

위 대화에서 제시된 정보를 살펴보겠습니다. 상대와 나에게 공통적으로 적용되는 정보로는 '주말에 태풍이 온다고 했다'는 것과 '예보와 달리 실제로 주말에는 날씨가 좋았다'는 것이 있고, 나에 대한 정보는 '여행을 취소했다'는 것과 '대신 예능 프로그램을 봤다'는 것이 있습니다. 이외에도 서로 말하지 않아도

아는 정보로 '주말에 쉬었다'는 사실이 깔려있습니다. 주말을 보내고 나서 월요일에 다시 만난 직장 동료라면 당연히 서로 주말에 쉬었다는 공통 정보가 생기기 때문에 스몰토크를 시작하기가 그만큼 수월해집니다.

대화에도 집중과 선택이 필요하다

이 대화의 공식을 적용할 때 한 가지 주의해야 하는 것이 있습니다. 대화에 많은 정보를 싣는 것은 매우 좋으나 정보를 과다하게 전달하기 위해 말이 너무 길어진다거나 두 개 이상의 문장으로 말을 이어가다가 질문을 하면 안 됩니다. 수다쟁이라는 인상을 줄 수 있고 상대는 오히려 말할 기회를 잡지 못하게 되는 상황이 생길 수도 있기 때문입니다. 그래서 짧고 간결한 한 문장에 많은 정보를 얹어야 합니다.

> "지난 주말에 비가 왔잖아요. 저는 비 오는 날을 싫어하거든요. 그래서 지난주에 밖에 안 나가고 집에만 있었어요."
> → "저는 비를 싫어해서 주말 내내 집에만 있었어요."

예를 들어 위의 문장과 같이 정보를 쪼개 여러 문장으로 길게 말하면 상대 입장에서는 오히려 대답을 하기가 어렵습니다. 가능하면 아래처럼 한 문장에 압축적으로 정보를 얹어 말한 후 상대에게 질문해야 합니다.

처음부터 입장을 바로 밝히지 마라

친밀한 관계가 형성되지 않은 상태에서 섣불리 입장을 밝히는 말을 자주 해버리면 가까운 사이가 되기 힘듭니다. 친밀한 사이에서는 입장이 다른 부분이 있어도 쉽게 언급하며 대화가 이어질 수 있지만 친밀하지 않은 사이에서는 입을 닫게 됩니다. 예를 들어 함께 영화를 보고 나온 후 두 사람의 대화를 보겠습니다.

> A : "전 이 영화 정말 너무 무섭네요. ○○ 씨는 어떤 장면이 제일 무서웠어요?"
> B : "아, 네. 다 무서웠죠……."

물론 위의 상황에서 하나도 안 무서웠다고 말할 수도 있습니다. 하지만 저렇게 물어보면 상대가 자신의 의견을 말하지 못하거나 말을 하더라도 서로 다르다는 것만 확인하게 됩니다. 그래서 처음에는 자신의 입장을 단적으로 밝히지 않는 선에서 정보를 주는 것이 바람직합니다.

> A : "전 원래 공포물 좋아하는데 극장에서 공포 영화를 보는 건 오랜만이네요. ○○ 씨는 영화 어떻게 보셨어요?"
> B : "전 조금 지루했어요. 무섭다는 느낌이 별로 안 들어서요. 공포물 좋아하시면 재밌는 영화 많이 아시겠네요?"

이 상황은 단지 영화에 대한 것이기 때문에 입장이 달라도 두 사람의 대화가 잘 이어질 수도 있지만 상대의 입장을 확인하고 이를 활용해 대화를 이어가는 것이 친밀도를 높이는 데 유리합니다. 만약 대화 주제가 정치나 사회적인 것 혹은 직장 내 입장 등 민감한 것이라면 입장을 밝히는 데 더욱 조심스러워야 할 것입니다.

상대의 관심사를 파고들어라

  가능한 한 대화에 상대의 정보를 얹고 시작하는 것이 가장 좋습니다. 상대의 정보는 상대가 관심사가 녹아들어 있을 가능성이 크기 때문이지요. 상대에게 생긴 변화나 상대가 가지고 있는 소품에 대해 칭찬하면서 대화를 이어가는 것도 상대가 관심을 가질만한 정보이기 때문에 좋은 선택입니다. 하지만 상대의 속마음을 알 수 없기 때문에 이 또한 주의가 필요합니다. 반면에 자신만 관심 있는 정보를 얹고 말하면 상대는 잘 알아듣지도 못할뿐더러 흥미가 떨어져 대화를 이어 나가고자 하는 의지가 사라질지도 모릅니다.

> "난 어제 어중간하게 퇴근했더니만 차가 너무 밀리더라. 넌 요즘 어때?"
> → "어제도 늦게 퇴근했다더니 많이 피곤해 보이네. 요즘 야근이 많은가 봐?"

  앞선 질문의 경우 만일 상대가 나와 같은 시간대에 비슷한

도로 상황에서 퇴근하는 사람이라면 공통 정보가 될 수도 있겠습니다. 하지만 상황에 따라 오직 나에게만 적용되는 정보일 수도 있습니다. 이렇게 자신만의 정보로 시작한다면 이에 해당하지 않는 상대는 이 대화에 관심을 가지지 않을 수도 있습니다. 그럴 때는 상대에 관한 정보로 시작하는 것도 바람직한 방법입니다.

상대의 정보를 담은 두 번째 질문은 상대가 관심을 가지고 쉽게 대답할 만한 문장입니다. 물론 상대 입장에서 상황에 따라 이것을 질문한 대상에게 말할 만한 내용은 아니라고 생각하여 입을 닫을 수도 있습니다. 예를 들어 만약 질문한 사람(나)이 상대에게 야근을 지시했거나 야근을 한 간접적인 요인이 된 상사라면 말이지요.

상황에 따라 적절한 질문을 던져라

이제 실전 연습을 해봅시다. 나에 대한 정보를 준다는 첫 번째 공식을 소개팅과 같은 어색한 자리에 활용해 보겠습니다. 어색한 분위기를 풀기 위해 상대에게 좋아하는 계절이 무엇인지 물어본다면 어떻게 질문하는 게 좋을까요?

> A : "좋아하는 계절 있으세요?"
> B : "전 가을이 좋아요."
> A : "오, 저도요."

상대와 처음 만나는 이런 자리에서는 단순히 좋아하는 계절을 묻고, 상대 대답에 맞춰 '나도 그래요'라는 식으로 쉽게 의견을 따라가는 것만으로는 친밀도를 높이기 힘듭니다. 상대가 먼저 '나도 그래요'라는 말이 나오도록 질문을 던져야 친밀도를 쉽게 높일 수 있습니다.

> A : "요즘 슬슬 날씨가 더워지는데 걱정이네요. 혹시 좋아하는 계절 있으세요?"
> B : "전 가을이 좋아요."
> A : "저도 가을이 좋은데 이렇게 더워지다가는 겨울이 그리워질 것 같아요."
> B : "저도 그래요. 요즘 너무 더워서 밖에 나가는 게 무섭더라고요."

이렇게 서로 한 번 더 공감할 수 있는 이야기가 나오도록 '슬슬 날씨가 더워지는데 걱정이다'라는 말이나 '나는 가을을 좋아하지만 이렇게 더워지다가는 차라리 추운 겨울이 그리워질 것 같다'는 이야기까지 함께 건네며 대화를 풍성하게 만드는 것이 좋습니다.

이번엔 평소 안면 있는 상대가 눈에 띄는 셔츠를 입고 왔을 때 그것을 칭찬하는 것으로 스몰토크를 시작하려 한다면 어떤 질문이 좋을까요? 한번 살펴봅시다.

> A : "셔츠 진짜 멋있네요. 잘 어울리세요."
> B : "아, 감사합니다."

새로 입은 셔츠를 알아봐 주고 칭찬해 준 것만으로 친밀도와 분위기에 좋은 영향을 미쳤을 것입니다. 상대의 변화를 눈치채기는 어렵지만 상대의 변화를 칭찬하는 것은 항상 실패하지 않습니다.

하지만 이 칭찬으로 대화를 이어가려면 공식에 맞춰 변형할 필요가 있습니다. 상대의 정보에 나의 정보를 얹어서 질문으로 이어가 보겠습니다.

> A : "셔츠 진짜 멋있네요. 저도 이번에 계절에 맞는 셔츠를 좀 사려는데 이런 센스가 없어요. 팁 좀 있나요?"
> B : "과찬이세요. 저도 큰마음 먹고 샀어요. 요즘 ○○○ 앱을 찾아보니 괜찮은 옷이 많더라고요. 혹시 본 적 있으세요?"

상대에 관한 정보인 셔츠에 대해 이야기하며 자연스럽게 '나도 새 셔츠를 사려고 하는데 마땅한 옷을 찾지 못하고 있으니 혹시 당신이 내게 팁을 줄 수 있느냐'며 나에 대한 정보와 함께 상대의 안목을 한 번 더 추켜올려주는 질문을 했습니다. 이렇게 하면 상대도 나에게 쇼핑 팁을 전하기 위한 다음 대화를 자연스럽게 시작하게 됩니다.

만약 거래처 직원과 같이 사무적인 관계의 사람에게 일상적인 말을 걸어보기 위해서는 어떤 질문을 건네는 게 좋을까요? 앞서 상대의 관심사를 파고드는 방법을 활용해 봅시다. 상대가 평소 운동을 좀 한 것 같아 보여서 운동을 하냐는 질문으로 스몰토크를 시작해 보려고 합니다. 어떻게 하면 좋을까요?

> A : "혹시 운동하셨어요?"
> B : "아, 그냥 헬스 가끔 해요."

　이런 대화는 기본적으로 상대에게 관심을 가지고 질문을 했다는 점에서 나쁘지 않습니다. 하지만 공식에 따라 최소 두 개 이상의 나나 상대 혹은 상호 공통 정보를 얹어 질문하는 방식으로 수정해 보면 상대가 훨씬 더 말하기 편하게 느끼게 됩니다.

> A : "전 요즘 앉아있는 시간이 너무 많아져서 운동을 하나 시작해 보려고 하는데, 혹시 뭐 따로 하시는 운동이 있나요?"
> B : "어휴, 저도 요즘 야근 때문에 몸이 많이 망가져서 헬스 다시 열심히 하고 있어요."

　이렇게 하면 앞선 대화보다 상대가 더 많은 정보를 담은 대답을 할 수 있어 앞으로 이어질 스몰토크가 더 쉬워집니다.
　그렇다면 반대로 상대가 먼저 자신의 정보를 주며 내게 질문하는 상황을 살펴봅시다. 이럴 때는 대답을 통해 더 많은 정보를 흘리고 다시 상대의 궁금증과 질문을 유도하며 대화의 꼬리를 만들어야 합니다.

> B : "이번 연휴에 우리는 아이들을 데리고 미국에 있는 이모네로 휴가 다녀왔어. 넌 어땠어?"
> A ① : "피곤해서 좀 쉬었어."
> A ② : "재밌었겠네. 난 아직 휴가 준비 중이야. 영국으로 가보려고 계획 중인데 처음 가는 유럽에서 영어 실력도 좀 늘길 기대하고 있어."

이 대화를 살펴보면 상대는 하나의 질문을 통해 많은 정보를 전달하고 있습니다. 상대의 아이 유무와 연휴 기간 동안의 미국 여행, 해외에 거주하는 가족 등이지요. 이럴 때는 A ① 같은 단답식 대답보다는 A ②처럼 대화가 바로 끝나지 않도록 나도 상대와 같이 다양한 정보를 담은 대답을 하면 좋습니다. 그렇게 되면 짧은 대화에도 상대와 나의 공통 관심사를 찾기도 용이하고, 이 다음 대화거리로 고를 수 있는 정보의 선택지도 다양해집니다.

상대가 많은 정보를 담은 질문을 던질 때와 달리 이번엔 자신의 정보를 담지 않은 간단한 질문을 건네면 어떻게 답변하는 게 좋을까요?

> B : "어디서 오셨어요?"
> A ① : "강남에서요."
> A ② : "전 강남역 근처 살아요. 의외로 주택가 쪽이라 조용한 편이긴 한데 교통이 편하진 않아요. 스타벅스가 가깝다는 건 좋지만요."

> B : "이번 주말에 뭐 했어?"
> A ① : "이사 하려고 집 좀 알아봤어."
> A ② : "이사 하려고 집 좀 알아봤는데 좀 고민이야. 내가 원하는 스타일의 집은 인천 쪽인데 통근은 홍대역 근처가 좋아서 고민되더라고."

A ①처럼 상대가 짧은 질문을 했다고 해서 나도 간단하게 답

변해 버리고 끝내는 건 좋지 않습니다. 다음 대화를 이어가고자 하는 상대가 새로운 주제를 계속해서 고민하고 꺼내거나 취조하듯 재차 질문을 던져야만 하는 불편한 상황이 되어버리기 때문입니다. 대화가 꼬리에 꼬리를 물고 자연스럽게 이어질 수 있도록 나의 정보를 전달하고, 상대가 자신의 정보를 꺼낼 수 있는 말을 건네는 걸 잊지 마세요.

상대를 독촉하지 마라

정보를 충분히 싣고 질문을 하면 보통은 대답을 열심히 해주려고 합니다. 하지만 상황에 따라 반드시 대답을 들을 수 있는 것도 아니고, 대답을 하고 싶어도 상대가 대답하기 곤란해할 수도 있습니다. 이때 질문을 하고 상대의 눈을 보며 언제 답을 줄 거냐는 식으로 기다리고 있는 것은 큰 실례입니다. 나는 당신이 대답할 것을 고려해 공식대로 질문하고 있으니 지금 당장 대답하라는 무언의 압박을 주고 있는 것이지요. 더구나 상대가 긴장을 하거나 원래 대화에 익숙하지 않으면 이런 상황에서 더욱 대답하기 힘들어질 수도 있습니다.

이렇게 상대가 머뭇거리거나 대답하기 힘들어한다면 두 가지 방법이 있습니다. 먼저 미소를 지으며 고개를 끄덕인 후 스스로 대답을 하면 됩니다. 혹은 자연스럽게 비슷한 주제의 이야기를 더 언급하며 상대가 생각을 정리할 수 있도록 도울 수 있습니다.

> A : "지난 주 정말 날씨 좋던데 주말에 어디 다녀왔어?"
> B : "……."
> A : "난 마음은 굴뚝같았는데 정작 집에서 게임만 해버렸네."

침묵이 너무 과도하게 흐르지 않도록 자문자답을 하면서 표정이나 손짓 등 비언어적 리액션으로 상대를 편안하게 만들어주는 것입니다. 비록 상대가 자연스럽게 대화하지는 못했을지언정 감사한 마음을 가질 것입니다. 이는 추후에 관계를 더 잘 다져갈 수 있는 초석이 됩니다. 특히나 상대가 대인관계가 익숙하지 않은 사람이라면 당장에 분위기가 좋아지는 것은 아니어도 친밀도는 많이 올라갑니다.

시작이 어려운 당신을 위한 스몰토크 연습

 친구, 가족, 연인 등 가까운 사이지만 실제로는 대화가 길게 이어지지 않아 고민이 되기도 합니다. 이럴 때는 더 나은 관계를 위해 두 사람이 실제로 대화 연습을 해보는 것도 좋은 방법입니다. 방법은 간단합니다. 두 명 이상의 사람이 돌아가며 질문자와 답변자의 역할을 맡아 공식을 기억하며 대화를 진행해 봅니다. 만일 연습 상대가 없거나 아직 타인과 대화 연습을 하기가 어렵다면 질문과 대답을 글로 적어보는 방법으로 연습해도 좋습니다.

① 우선 스몰토크를 시작하는 상황을 가정합니다.
② 질문자가 두 개 이상의 정보를 얹은 말을 두 문장 이하로 정리해 상대에게 건네봅니다.
③ 답변자는 상황에 맞춰 질문자의 말에 자신이 할 수 있는 편안한 방식으로 대답합니다.
④ 질문자 이외의 사람들은 질문자가 던진 대화 시작 문장을 함께 평가해 줍니다.

질문자가 두 개 이상의 정보를 담은 문장으로 대화를 시작할 때는 나의 정보, 상대의 정보, 공통 정보 중 너무 한쪽으로 치우치지 않도록 적절한 정보를 선택하길 바랍니다. 답변자는 질문에 맞게 대답을 하되, 이때 답변은 단답형이나 고개만 끄덕이는 정도도 괜찮습니다. 연습 인원이 두 명 이상이라면 질문자와 답변자를 제외한 나머지 사람들은 질문자가 던진 대화를 아래의 항목들을 기준으로 판단해 보고, 두 명 혹은 혼자 연습을 한다면 자신의 말을 스스로 체크해 봐도 좋습니다.

- 대화를 이어가기 편안했는가?
- 정보가 얼마나 많이 담겨 있는가?
- 문장이 너무 길게 늘어지지는 않았는가?

☑ 인간관계가 수월해지는 스몰토크 공식 활용법 1

첫 번째 대화 공식인 '상대에게 나에 대한 정보를 전달하라'를 배워보았습니다. 그런데 대화 중 상대에게 나의 정보를 전달하고자 할 때 조심해야 할 부분이 있습니다. 바로 상대가 그 정보에 얼마만큼의 관심과 궁금증을 가질지 고려하는 것입니다. 만일 너무 내 관심사에만 치우쳐 정보를 쏟아내면 오히려 상대에게 불편함을 초래할 수 있습니다. 예시 상황을 통해 한번 확인해 봅시다.

A : "전 드라이브를 좋아해요."
B : "차 있으세요?"
A : "아, 네."

B : "무슨 차요?"

A : "○○이요."

B : "그 차종은 요즘에 좀 별로이지 않나요? 엔진에 무슨 문제가 있다는 기사를 본 것 같은데……."

A : "아, 그런가요?"

B : "전 ××가 좋던데……."

이 대화는 자신에게 관심 있는 것만 물어보고 상대의 생각은 고려하지 않은 대화입니다. 이렇게 두 사람의 관계가 아직 크게 친밀하지 않아 상대가 나의 관심사에 대한 궁금증이나 호감을 가지고 있지 않는다면 상대도 쉽게 공감하고 궁금해할 만한 방향이 무엇인지 고민해 보아야 합니다.

A : "차가 많이 막힌 것 같던데 오시는데 불편하지는 않으셨어요?"

B : "저는 지하철 타고 와서 괜찮았어요."

A : "전 오는 길이 많이 밀리더라고요. 제가 웬만하면 내비게이

션 말에 복종하는데 오늘은 더 밀리는 길로 가르쳐주는지 답답하더라고요."

B : "이쪽은 차가 항상 밀리는 것 같아요."

A : "맞아요. 오늘처럼 이렇게 차 막히는 날은 저녁에 드라이브라도 나가서 좀 풀어야죠."

B : "아, 드라이브가 취미이신가 보네요. 전 출장이 많아져서 이번에 차를 사긴 했는데 취미로 삼을 만큼 운전 실력이 좋지 못해서 완전 업무용 차가 되어버렸어요."

A : "저도 처음엔 그랬어요. 그런데 좀 먼 곳으로 이사 간 데다 아침잠도 많아서 운전을 잘해야만 했었거든요. 멀리 이사 가도 밤에 유튜브 보고 자는 취미는 못 버리겠더라고요."

B : "생존을 위한 운전이 이젠 취미가 되셨네요? 저도 빨리 그렇게 되어야겠어요."

이렇게 대화를 개선하니 서로에 대해 기억해 둘 만한 정보가 점점 더 많아지고 있습니다. 드라이브가 취미라는 것, 출장이 잦아졌다는 것, 좀 먼 곳으로 이사를 한 것, 유튜브가 취미인 것 등의 정보입니다. 이렇게 대화하면 서로 대화가 끊기지 않고 계속될 수 있습니다.

공식 2:
상대의 말을 나노 단위로 쪼개라

첫 번째 스몰토크 공식을 통해 나와 상대의 정보를 주고받으며 소통하는 법을 배웠습니다. 그렇다면 대화를 통해 얻은 상대의 다양한 정보들은 어떻게 기억하면 좋을까요? 만약 처음 만난 상대에게 명함을 받았다면 명함 정보를 저장해두면 그만이겠지만, 일상 대화에서는 이름, 연락처, 근무처와 같은 정보보다는 훨씬 더 세세하고 사적인 정보들이 주를 이룹니다. 이러한 정보들을 쉽게 기억할 수 있는 두 번째 스몰토크 공식을 소개해 드립니다.

공식 2: 상대의 말을 나노 단위로 쪼개라

상대가 하는 말의 정보들을 묶지 말고 최대한 쪼개서 기억하기.

상대 말의 정보를 최대한 쪼개서 기억해 두는 것은 상대의 정보를 최대한 다각도로 활용하기 위한 목적입니다. 이해하기 쉽게 음식에 비유해 보자면, 하나의 문장으로 묶인 정보는 완성된 탕수육 소스입니다. 소스가 아무리 맛있어도 탕수육에 찍어 먹는 소스로밖에 활용할 수 없습니다. 하지만 식초, 간장, 설탕 등 소스의 재료를 하나하나 쪼개면 상황에 따라 수많은 요리에 활용할 수 있습니다.

정보도 마찬가지입니다. 크게 하나로 묶어서 기억해 두면 한 번 쓰고 끝이지만 쪼개서 기억을 해두면 안 쓴 것은 나중에 다시 쓸 수도 있고 다른 정보와 섞을 수도 있게 됩니다. 이 다른 정보라는 것은 상대가 새롭게 말해줘서 얻는 정보뿐만 아니라 표정이나 웃는 타이밍과 같은 비언어적 메시지, 입은 옷과 같은 외모적인 것 등을 모두 포함하는 것입니다.

상대가 많은 말들을 하면 모든 정보를 기억하기 힘들게 됩니다. 정보를 잘 쪼개서 기억하기 위해서 정보를 기억하는 방법을 먼저 알아야 합니다. 정보를 기억하기 위해서는 문장을 그대로 기억하는 것보다 단어들로 기억하는 것이 효과적입니다. 문장으로 기억하면 기억할 수 있는 정보의 종류도 줄어들고 활용도 어려워집니다. 문장보다는 단어로 기억해야 하고 단어로 기억할 때 그룹을 만들어 두면 훨씬 더 효율적으로 기억할 수 있습니다.

하지만 정보를 기억하고 활용하는 방식도 자신의 현재 수준에 맞게 선택해야 합니다. 아래로 상대가 예전에 경험한 일에 대해 이야기하는 대화를 통해 문장형, 단어형, 그룹형 등 정보를 기억하는 몇 가지 방법과 현재 나의 수준에 맞는 기억 방법에 대해 확인해 보겠습니다.

문장형 기억법

> B : "지난여름에 미국에 다녀왔어. 원래 계획에는 없었는데 언니가 국제결혼을 하게 되어서 가족들과 미국에 잠깐 갔었지."

이 말을 문장으로 기억한다면 이렇게 정리할 수 있습니다.

> B는 지난여름에 국제결혼을 하는 가족을 따라 미국에 다녀왔다.

    이렇게 정보를 문장으로 기억할 때 상대가 한 말을 그대로 외우려고 애쓸 필요 없습니다. 중요한 내용을 담은 몇 문장만 자신의 말투에 가까운 말로 기억하면 됩니다. 머릿속으로 한번 되뇌어보면 기억에 더 오래 남습니다.

    하지만 이렇게 기억하는 방법은 이 정보들을 다시 활용하기 어렵습니다. 새로운 정보 문장들이 쌓이면 어떤 문장들은 통째로 잊히기 때문에 말문이 막히는 경우도 종종 생길 수 있기 때문입니다.

    그럼에도 불구하고 만약 자신이 상대의 말을 잘 듣지 않고 자주 혼자만의 생각에 빠져서 정보를 기억하지 못하는 일이 자주 발생한다면 문장으로 기억하는 것부터 시작해야 합니다. 기억을 잘 떠올리지 못해 말문이 막히는 경우에는 말을 좀 천천히 해 시간을 벌며 기억을 떠올리려는 노력을 기울여야 합니다. 그렇게 하다 보면 기억력은 상승하게 됩니다.

단어형 기억법

 문장으로 된 정보를 단어로 쪼개면 이 단어들을 선별해서 기억해 둘 수 있습니다.

> **지난여름 / 미국 / 언니의 결혼 / 가족 여행 / 국제결혼**

 만약 상대가 전달한 여러 가지 정보들 중 대화 주제를 여행으로 가져갈 것이라면 언니의 국제결혼은 기억해 두고 활용하기 좋습니다. 가족 여행 또한 기억해 뒀다가 가족 여행만의 장단점을 물어볼 수도 있지만 기억하기 힘들다면 과감히 버려도 됩니다. 물론 상대의 반응에 따라 가족 여행이 더 중요한 주제가 될 수도 있습니다.

 이렇게 단어로 기억하면 정보를 선별하여 저장할 수 있어서 유리합니다. 버릴 것과 남겨둘 것, 당장 사용할 것으로 순간적으로 구분하여 저장해야 하기 때문에 상대의 말을 들으면서 많은 사고를 해야 합니다. 다만 단어로 상대의 말을 기억하는 방법을 시도하면서 오히려 대화의 전체 맥락을 놓치는 실수를 하는 경우가 있습니다. 만약 이런 경우가 잦다면 문장으로 기억하는 훈련부터 시작하는 편이 좋습니다.

문장으로 기억하는 것이 익숙해졌거나 대화 중에 상대의 맥락을 파악하는 데 문제가 없을 경우 단어로 쪼개서 상대의 말을 기억하면 됩니다. 단어로 기억하는 훈련을 하다 보면 정보를 선별하는 능력이 자연스럽게 좋아지고 점점 더 많은 정보를 기억할 수 있게 됩니다.

그룹형 기억법

그룹형 기억법은 대화 중에 얻는 정보들을 그룹으로 만들어 기억하는 방법입니다.

- 여행 (지난여름 / 가족 / 미국) • 결혼 (지난여름 / 언니 / 미국)

이처럼 그룹으로 기억할 때는 한 단어라고 해도 여러 가지 정보를 가지고 있을 수 있기 때문에 중복해서 기억해야 하는 경우도 있습니다. 그래서 단어로 기억하는 것보다 더 많은 것을 기억해야 할 것처럼 느껴지지만 익숙해지면 더 쉽게 기억을 떠올릴 수 있게 됩니다.

뇌는 기억을 저장할 때 정보를 큰 카테고리별로 기억하기 때문에 빠르게 정보를 선별하거나 융합할 수 있습니다. 기억을 활용할 때는 그룹을 떠올리는 것만으로 포함된 단어들을 연상할 수 있기 때문에 효과적입니다. 하지만 그룹으로 만들어 기억하는 것은 우선 정보를 최대한 쪼개서 기억하는 것부터 익숙해진 다음 시도하는 것이 좋습니다.

그룹을 정하는 것은 눈치가 필요합니다. 예를 들어 앞에 제시된 그룹 말고 '가족(결혼 / 여행)'으로 묶을 수도 있습니다. 하지만 상대가 가족에 대한 이야기보다 여행이나 결혼에 대한 이야기를 더 선호한다는 판단을 내렸다면 가족 그룹은 따로 기억할 필요가 없게 됩니다.

만약 대화 눈치가 부족해 중요한 그룹을 기억하지 않았다면 상대가 원하는 대화의 흐름을 놓치게 됩니다. 따라서 스몰토크 공식에 익숙하지 않아 상대가 원하는 것을 잘 파악하지 못하겠다면 그룹형 기억법보다는 단어형 기억법에 먼저 익숙해지시기 바랍니다.

정보에도 우선순위가 있다

정보를 잘 기억하기 위해 지켜야 할 또 다른 사항은 정보의 우선순위를 설정하는 것과 기억하지 않아도 되는 정보를 걸러 내는 일입니다.

정보에 우선순위를 두어야 하는 이유는 인간의 기억력은 한계가 있어 모든 것을 기억할 수 없기 때문입니다. 그래서 상대가 더 말하고 싶어 하는 정보를 우선적으로 기억해 둬야 합니다. 반대로 기억하지 않아도 될 정보를 거르는 것은 쉽습니다. 평소 우리가 당연히 알고 있는 사실들은 대화 중에 기억할 것이 아니라 자신의 상식에서 꺼내 씁니다. 예를 들어 상대가 십대 후반의 나이라면 굳이 고등학생이라는 정보를 기억하지 않아도 됩니다. 하지만 만약 특별한 사정으로 인해 학업 대신 일을 하고 있다면 기억해야 합니다.

많은 사람과 대화하고 경험을 쌓으면 기억하지 않아도 되는 정보들이 많아지게 됩니다. 특별한 상황이 아닌 한 상대가 준 정보에 연결되는 패턴이 많아지면 상대를 예측하기도 수월해집니다. 하지만 상대가 말하지 않은 것을 자신의 상식으로 다 채워버리는 사람은 자칫 편협한 고정관념으로 상대를 대하는 실수를 할 수도 있으니 주의해야 합니다.

쪼개고 묶으면 답이 보인다

이제 우리의 생활 속에서 나누는 대화를 통해 상대의 정보를 쪼개서 기억하는 법을 연습해 봅시다. 예를 들어 출근길에 같은 회사의 타 부서 직원을 마주쳤다면 어떨까요?

> A : "주말 동안에 어디 다녀오셨나 봐요?"
> B : "아니에요. 이번 주말에 날씨도 좋고 했는데 그냥 집에만 있었어요. 게임만 주구장창 하다가 예능 프로그램 하나 보고 잤어요."

이 대답에는 어떤 정보가 있을까요? 상대의 대답에 중에 정보가 담긴 단어들을 정리하면 '아니에요' '종일 게임만 하다가' '집에만 있었어요' '예능 프로그램 하나 보고'를 고를 수 있겠습니다. 하지만 이렇게 표면적으로 언급되는 정보 외에도 추가적인 정보를 유추할 수도 있습니다. 상대의 말투와 대화의 내용을 살펴보면 주말에 집에 있던 것에 대해 아쉬움이 묻어나고 있습니다. 이를 반영해 정보를 묶어서 기억한다면 지난 주말에 대한 상대의 정보로 '집(게임 / 예능)' '아쉬움'을 기억하는 것으로도 충분합니다.

이번에는 엘리베이터에서 가까운 상사에게 지난 주말을 어떻게 보냈는지 질문해 봅시다. 마침 상사가 평소보다 좀 더 탄 얼굴로 왔다면 그것도 정보 삼아 새로운 얘기를 건넬 수 있습니다.

A : "주말 동안에 어디 다녀오셨나 봐요?"
B : "응. 아들이 기숙사에서 나와서 같이 골프를 치고 왔네."

이 대답에는 어떤 정보가 있을까요? 이번에는 단어들과 그를 통해 얻은 정보를 표로 정리해 보겠습니다.

단어	정보
응	주말에 어딘가 다녀왔다.
아들	아들이 한 명 이상 있다.
기숙사	아들이 대학생일 가능성이 크다.
골프	아들과 함께 골프를 쳤다. 아들이 골프를 칠 줄 안다.

여기서 얻은 정보는 상대의 말과 자신의 상식을 통해 유추할 수 있는 것들입니다. 이때 웅, 아들, 기숙사, 골프라는 단어에 담긴 정보를 그룹으로 만들어 기억하려면 다음과 같이 정리하면 됩니다.

- 아들(기숙사 / 골프)
- 주말(골프)

기숙사를 기억하면 아들이 대학생이란 것을 따로 기억할 필요 없습니다. 이는 특별하지 않은 상황이기 때문입니다. 만약 아들이 대학생이라 기숙사에서 생활하는 게 아니라 다른 직종이나 특수한 상황 때문에 기숙사에 묵는 것이라면 이는 따로 기억해 두어야 합니다.

아들이 한 명 이상, 골프를 함께 친 것, 주말에 놀았던 것 등은 위의 단어들에 따라오는 정보들이기 때문에 따로 기억할 필요 없습니다. 주말(골프)라는 그룹은 이런 주말의 골프가 일상적이거나 익숙한 상황이라면 따로 기억할 필요 없습니다. 다른 정보와 융합해서 사용하기 위해서는 이처럼 최대한 쪼개서 기억하도록 합니다.

공유되지 않은 정보는 확신하지 마라

정보를 쪼개서 기억할 때 상대의 말만 가지고 대화를 하면 대화가 단조로워질 수 있습니다. 상대가 준 정보들을 토대로 유추하고 예측하는 과정도 필요합니다. 유추한 정보들을 질문을 통해 상대에게 확인해 보는 것도 좋습니다. 유추한 내용이 틀려도 괜찮습니다. 오히려 상대 입장에서는 자신의 이야기에 관심을 두고 귀를 기울이고 있다는 신호로 받아들여 긍정적으로 여길 수 있기 때문입니다.

단, 이때 주의할 점이 있습니다. 유추는 어디까지나 나의 추측이기 때문에 사실이 아닐 수 있어 절대 단정 지어 말하면 안 됩니다. 단정 지어 말하는 말은 상대에게 무례하게 들릴 수 있습니다.

> "모범생 스타일이라고 딱 쓰여 있네요."
> → "학창 시절에 공부 열심히 하셨나 봐요?"

위의 문장은 상대에 대해 단정 지어 말한 것입니다. 이렇게 확신을 가지고 단정 지어 건넨 말은 상대 입장에서 대꾸하거나 아니라고 부정하기에 난감할 수 있습니다. 그에 반해 아래의 문장은 상대가 상황에 따라 아니라고 말할 수도 있고 맞장구를 칠 수도 있어서 편하게 대화할 수 있습니다.

만약 상대와 대화를 나누던 중, 상대의 취미가 음악 감상이라는 정보를 새로 얻게 되었다고 해봅시다. 상대는 최신 가요보다 클래식이나 올드팝을 선호하고 주말에 조용한 집에서 휴식을 취하며 혼자 노래 듣는 것을 좋아한다고 합니다. 이러한 정보나 상대의 성격을 종합적으로 고려했을 때 상대가 이어폰이나 헤드셋으로 음원을 듣기보다는 CD나 LP로 고음질의 음악을 직접 듣는 걸 더 좋아할 것 같다고 유추해 질문을 던질 수도 있습니다.

> "턴테이블로 음악 듣는 거 좋아하시죠? 딱 알겠는데?"
> → 클래식 좋아하는 제 친구는 LP 수집하는 게 취미인데, 그 친구 보물 1호가 턴테이블이에요. 혹시 ○○ 씨도 턴테이블 쓰세요?"

상대가 턴테이블을 사용한다는 확신이 들었어도 단정 지어 말하는 것보다 두 번째 예시문처럼 그렇게 유추한 이유를 담은 질문으로 이야기하면 상대가 훨씬 더 많은 정보를 줄 것입니다.

만일 '주말에 집에 혼자 시간을 보내시는 걸 보니 애인이 없으시겠군'이라는 유추를 했더라도 굳이 언급하지 않는 것이 낫겠지요. 많은 말이 떠오르는 것이 센스가 아니라 하지 않을 말을 참는 것이야말로 센스입니다.

정보 다루기가 어려운 당신을 위한 스몰토크 연습

지난 챕터를 마무리하며 첫 번째 스몰토크 공식을 기반으로 나와 상대, 그리고 공통의 정보를 활용해 아래와 같은 과정으로 질문 던지는 연습을 해보았습니다.

① 우선 스몰토크를 시작하는 상황을 가정합니다.
② 질문자가 두 개 이상의 정보를 얹은 말을 두 문장 이하로 정리해 상대에게 건네봅니다.
③ 답변자는 상황에 맞춰 질문자의 말에 자신이 할 수 있는 편

> 안한 방식으로 대답합니다.
> ④ 질문자 이외의 사람들은 질문자가 던진 대화 시작 문장을 함께 평가해 줍니다.

위의 연습 과정을 통해 나와 상대의 정보를 끌어내는 말하기 방법을 익혔다면 이번에는 대화에 내포된 상대의 정보들을 쪼개서 정리하는 연습을 해봅시다. 두 번째 스몰토크 공식 훈련은 첫 번째 스몰토크 공식을 연습할 때 바로 이어서 함께 진행하면 좋습니다.

> ① 질문자는 대화를 시작하며 상대에게 건넨 문장(두 개 이상의 정보를 얹은 두 문장 이하의 말)을 쪼개서 정리합니다.
> ① 답변자도 자신이 대답으로 건넨 문장을 쪼개 보고 그중 그룹으로 묶을 수 있는 정보는 무엇이 있는지 정리합니다.
> ④ 질문자와 답변자는 정리된 정보 외에도 추가로 유추할 수 있는 정보가 더 없는지 찾아봅니다.

지난 연습과 마찬가지로 두 명 이상이 함께 해도 좋지만 만약 혼자 연습한다면 주변 인물을 대상으로 설정해 스몰토크를 건넨다고 생각하고 질문과 답변을 작성해 보세요. 만약 질문자와 답변자 간의 대화에서 정리할 만한 정보가 충분히 담기지 않았다면 새로운 상황을 설정해 다시 대화 연습을 시도해 보면 됩니다.

☑ 인간관계가 수월해지는 스몰토크 공식 활용법 2

    앞서 잠시 언급한 것처럼 상대에게서 수집한 정보나 유추한 내용을 모두 대화에 활용하는 것은 현명하지 못한 방법이 될 수 있습니다. 대화의 씨앗이 되는 정보를 잘 활용하기 위해서는 내게 주어진 수많은 정보들 중 어느 것을 골라 사용할지 잘 고민해 보는 것도 중요합니다.

    만약 상대가 나와 막역한 사이라면 일반적으로 민감할 수 있는 주제의 정보를 언급하는 것도 상황에 따라 큰 문제가 되지 않을 수도 있습니다. 하지만 아직 관계가 그리 가깝지 않은 상태, 예를 들어 소개팅과 같이 상대와 거리감이 있는 상황이라면 평범하고 무난해 보이는 주제의 정보라도 세심하게 활용하는 자세가 필요합니다.

A : "롱패딩 입으셨네요."

B : "네."

A : "새로 사신 거예요?"

B : "네. 요새 날씨가 너무 추워서요."

A : "그럼요. 이제 겨울인데 춥죠. 덥겠어요?"

B : "그렇긴 하죠."

A : "그건 어디서 사셨어요?"

B : "아, 그냥 ○○에서 할인하길래……."

A : "저도 하나 새로 살까 하는데 추천해 줄 만한 브랜드 있어요?"

B : "잘 모르는데요……."

어느 상대와 대화를 나누든 날씨와 관련된 이야기는 공통 정보가 되어 무난하게 선택하기 좋습니다. 하지만 이 대화에서는 한 가지 문제가 있습니다. 바로 상대가 딱히 정보를 담아 대답하거나 관련된 이야기를 이어 나가기 어려운 질문을 던졌다는 것입니다. 그래서 대화 초반에는 취조하는 듯한 느낌을 줍니다.

또한 그나마 상대가 '추워서요'라는 말로 추가 정보를 줬는데 그것을 '덥겠어요?'라며 면박 주는 것으로 대응했습니다. 이러면 더 이상 정보는 얻을 수 없고 관계도 깊어질 수 없습니다.

상대가 어떤 옷을 입고 있다는 외적인 정보와 상대의 기분 등을 함께 고려해 아래와 같이 대화를 나눠보면 어떨까요?

A : "롱패딩 입으셨네요? 하긴 환절기인데 벌써 엄청 추워져서 좀 따뜻하게 지내려면 저도 롱패딩 하나 사야겠어요."

B : "저도 이번에 ○○이 할인하길래 들렀다가 롱패딩 처음으로 하나 사봤어요. 제가 추위를 많이 타서 사길 잘한 것 같아요."

A : "그 브랜드에서 할인 행사를 하고 있는 줄은 몰랐네요. 원래 ○○ 브랜드를 좋아하시나 봐요?"

B : "아, 날이 너무 추울 때는 목도리나 장갑 같은 옷을 겹쳐 입는 게 훨씬 따뜻하다고 해서 그런 소품들 사려고 가본 거였어요. 롱패딩도 있는 줄은 몰랐어요."

A : "그러게요. 저도 그 브랜드에서 롱패딩 나오는 건 처음 알았네요. 그 브랜드 매장에 가면 다른 것들도 살 수 있으니 편하고 좋겠어요."

B : "이번에 나온 제품 중에……."

이렇게 상대의 옷차림을 통해 '환절기 기온을 춥게 느낀다'는 것과 '롱패딩이 필요하다'는 공통 정보를 활용해 말을 건네면 상대도 내가 건넨 다양한 정보 중 대화를 이어 나갈 다음 주제를 고르기 수월해집니다. 상대가 건넨 다음 대화를 통해 추가로 얻게 된 관련 정보들을 '롱패딩(추위 / ○○ 브랜드 / 할인)'으로 쪼개고 묶어 정리하기도 좋아지고요.

공통의 관심사와 연관된 주제가 이어지니 앞선 대화에서 "저도 하나 새로 살까 하는데 추천해 줄 만한 브랜드 있어요?"라고 취조하듯 물었을 때와 달리 상대 또한 해당 브랜드의 제품이나 할인에 관한 이야기를 매끄럽게 꺼내기 편해집니다. 이러한 대화가 몇 차례 오가다 보면 친밀도도 자연스럽게 쌓이며 관계가 개선되는 결과를 가져오게 됩니다.

공식 3:
분위기를 180도 바꿔줄 주제를 선정하라

앞선 공식들로 상대의 정보를 모으고 기억했다면 이제 그것을 쓸 차례입니다.

돈과 정보는 공통점이 있습니다. 아무 생각 없이 쓰면 금방 바닥을 드러내고 잘 쓰면 몇 배가 되어 돌아온다는 것입니다. 정보를 선택하는 공식은 정보를 잘 쓰는 방법으로써 스몰토크 공식 중에 가장 효과적이고 극적으로 대화의 방향을 바꿀 수 있는 기술입니다. 그 방법을 구체적으로 담은 세 번 째 스몰토크 공식을 알려드리겠습니다.

공식 3: 분위기를 180도 바꿔줄 주제를 선정하라

나의 질문에 상대가 한 대답 중 질문과 가장 거리가 먼 정보를 선택해 대화 이어가기.

처음 상대를 만나거나 별다른 정보가 없이 대화를 시작하다 보면 틀에 박힌 말을 할 수밖에 없습니다. 또한 자신의 재치와 특색을 뽐내려다가 오버하게 되면 상대의 기준에서 벗어나 이상하다거나 무례한 사람으로 비칠 수도 있고요. 스몰토크 초반에는 센스보다 예의를 내세워 상대의 기준을 살피며 많은 정보를 모아야 합니다. 특히 첫 번째 공식에 따라 정보를 얹어서 말을 하고 질문을 하면 많은 추가 정보들을 받을 수 있습니다. 이 정보 중 어떤 것을 먼저 선별해서 상대에게 질문을 할지 결정하는 것으로 그 사람의 센스가 드러납니다. 이 센스를 발휘하면 상대가 원하는 질문을 해주어 상대가 훨씬 더 많은 정보를 쏟아내며 마음을 열게 됩니다.

방법은 간단합니다. 상대의 대답 중에 질문한 내용과 가장 관계가 없는 정보일수록 우선순위를 높게 두는 것입니다. 질문하지 않은 상황이라면 대화 주제와 가장 거리가 먼 것을 생각하면 됩니다. 만약 상대가 단답으로만 대답을 하고 정보를 거의 주지 않고 있다면 자신의 정보를 더 주며 정보를 주도록 유도해

보도록 합니다.

쪼갠 정보들의 우선순위가 정해지면 가장 우선순위가 높은 것을 먼저 이용하고 나머지는 우선순위가 높은 것부터 기억해 둡니다. 자신이 질문한 내용에 가까운 대답만 가지고 대화를 이어가다 보면 계속 자신이 원하는 이야기만 하게 됩니다. 반대로 질문과 가장 관계가 적은 정보일수록 상대가 원하는 이야기일 가능성이 높습니다.

이것이 몇 번 반복되면 상대가 무엇을 원하는지 파악할 수 있습니다. 만약 대화하는데 상대의 말이 자꾸 끊기는 느낌이 들거나 점점 입을 닫는 느낌이 든다면 정보 선별에 문제가 있을 가능성이 큽니다. 누구라도 지루한 주제에 대해 자꾸 얘기하려고 하는 상대와 이야기하고 싶지는 않겠지요. 정보 선택이 노련하면 상대의 입을 열 수 있습니다.

그럼 앞선 챕터에서 출근길에 같은 회사의 타 부서 직원을 마주친 상황에 주고받은 스몰토크 대화 예시를 다시 한번 살펴봅시다.

A : "주말 동안에 어디 다녀오셨나 봐요?"
B : "아니에요. 이번 주말에 날씨도 좋고 했는데 그냥 집에만

> 있었어요. 게임만 주구장창 하다가 예능 프로그램 하나 보고 잤어요."

상대가 대답한 말에 담긴 정보들을 토대로 다음에 어떤 질문으로 대화를 이어갈 수 있을지 생각해 보겠습니다.

① "아니에요." → "어디 안 다녀오셨어요?"

'아니에요'는 A가 던진 질문에 가장 직접적이고 단순한 답변입니다. 뒤에 이어지는 문장 없이 이 말만 있어도 내용상 문제는 없습니다. 그래서 대화에 포함된 정보들 중 우선순위가 가장 낮은 정보입니다.

이 정보를 활용하여 "어디 안 다녀오셨어요?"라는 질문을 이어가 보면 이 질문이 왜 최악인지 알 수 있습니다. B가 이미 대답한 것에 대해 A가 또 물어보면서 정보를 정체시키고, 그밖의 다른 정보들은 무시하는 결과가 되어버리기 때문입니다. 상대는 기껏 게임을 하고 예능 프로그램을 봤다는 얘기까지 이야기했는데 그 정보들은 아무 관심도 못 받은 것이지요.

② "그냥 집에만 있었어요." → "집에 계셨어요?" 혹은 "집에만 계시면 지루하지 않았나요?"

어디 다녀왔냐는 질문은 억양에 따라 외출 여부를 묻거나 혹은 외출한 장소를 묻는 질문입니다. 집에만 있었다는 것은 이 질문과 관계가 깊은 정보입니다. 그래서 이 정보를 토대로 "집에 계셨어요?" 혹은 "집에만 계시면 지루하지 않았나요?"라고 질문을 하면 이미 공유된 정보를 또 묻거나 굳이 상세하게 알지 않아도 되는 것을 캐묻는 상황이 됩니다. 질문과 가까운 답인 만큼 우선순위가 낮은 정보입니다.

③ "게임만 주구장창 하다가……." → "게임 좋아하시나 봐요." 혹은 "요새 재미있는 게임이 있나요?"

게임을 했다는 사실은 주말에 외출을 했느냐는 질문과 다소 거리가 있는 정보입니다. 이는 우선순위를 높게 잡아도 좋은 정보입니다. 이 정보에 따라 상대에게 게임에 대한 추가 질문을 할 수 있습니다. 하지만 주말 동안 게임만 했고 '주구장창'이라는 표현까지 썼으니 게임을 한 것에 대해 후회하고 있는 입장일 수 있습니다. 다른 정보들을 추가로 수집하여 상대의 입장을 확실히 확인한 후 게임에 대해 언급하는 것이 좋을 것입니다.

④ "예능 프로그램 하나 보고……." → "그 예능에 이번 주에 재밌는 거 나왔어요?"

주말에 어디 다녀오지 않고 온종일 한 것은 게임이었습니다. 자기 전에 한 일(예능 프로그램을 본 것)은 추가로 얻은 정보입니다. 이는 질문과 가장 동떨어진 키워드입니다. 상대가 굳이 이것을 언급한 이유는 지금 상대 머릿속에 자신이 본 예능 프로그램이 남아 있기 때문입니다. 예능 프로그램은 편하게 이야기할 수 있는 소재이고 상대도 이것에 대해 이야기하고 싶어 할 가능성이 높습니다. 보통 이런 대화라면 프로그램 이름까지 언급했을 것이기 때문에 자연스럽게 상대가 본 예능 프로그램에 대해 물어보면서 입과 마음을 열도록 유도할 수 있습니다.

두 번째로, 엘리베이터에서 만난 상사에게 지난 주말을 어떻게 보냈는지 질문한 내용을 다시 살펴보고 상사가 건넨 대답의 정보들은 각각 어떤 대화로 이어질 수 있을지 알아보겠습니다.

A : "주말 동안에 어디 다녀오셨나 봐요?"
B : "응. 아들이 기숙사에서 나와서 같이 골프를 치고 왔네."

① "응." → "주말 잘 보내셨군요."

가장 일차원적인 대답을 가지고 대화를 이어가려고 하면 이처럼 바보 같은 대화로 이어지게 됩니다. 상대가 만약 "응" "네" 이렇게 단답식의 일차원적인 반응만을 보이고 추가적인 정보를 제공하지 않는다면 해당 단어만 가지고 대화를 이어가려고 하지 말고 자신의 정보를 주면서 새로운 질문들을 해보는 것으로 상황을 타개해 볼 수 있습니다.

하지만 이어지는 노력에도 여전히 상대가 "응" "네"와 같이 단답식의 일차원적인 반응을 반복할 수도 있습니다. 이는 '지금은 대화를 하고 싶지 않다'는 표현을 에둘러 드러낸 것일 수도 있으니 대화 시도가 너무 길게 이어지지 않도록 상황을 잘 살펴야 합니다.

② "골프를 치고 왔네." → "필드 자주 나가세요?"

골프를 쳤다는 것은 주말에 어디를 다녀왔냐는 질문과 가까운 대답입니다. 그래서 다음 대화로 이어갈 정보로는 우선순위에서 밀리는 주제입니다. 이런 정보를 통해 대화를 이어가면 상대가 하고 싶어 하는 주제인 아들에 관한 대화로 흘러갈 수 없습니다.

③ "아들이……." → "아드님이 있으셨군요." 혹은 "자제분은 아드님 한 분이세요?"

이 정보는 질문과 다소 거리가 있는 정보이기 때문에 상대가 하고 싶어 하는 말일 가능성이 큽니다. 다만 쪼갠 정보들 중에 단순히 '상사에게 아들이 한 명 이상 있다'는 것만으로 접근하다 보니 "아드님이 있으셨군요" 혹은 "자제분은 아드님 한 분이세요?"와 같은 추가 질문 이후에 상사가 이어갈 말은 단답형 외에 마땅치 않습니다. 이런 선택이 잦으면 대화가 계속 끊어지게 됩니다.

④ "아들이 기숙사에서 나와서……." → "아드님이 공부 중인가 봐요."

상사의 아들이 기숙사에서 나왔다는 사실은 주말에 어디를 다녀왔냐는 질문과 직접적인 관계가 적은 정보입니다. 상대의 반응에 따라 이 정보로 계속 대화를 이어가는 것은 좋은 선택지 중 하나입니다. 다만 골프 등의 다른 정보도 우선순위를 생각하며 기억해 둬야 합니다.

⑤ "같이 골프를 치고 왔네." → "아드님이 골프를 벌써 치시는군요."

이 또한 정보를 잘 활용한 상황이라고 볼 수 있습니다. 다만 기숙사 등의 정보도 기억해 둬야 합니다.

⑥ "아들이 기숙사에서 나와서 같이 골프를 치고 왔네." → "아드님이 효자네요. 주말에 같이 골프도 치고."

이렇게 정보를 활용하는 것이 가장 좋습니다. 상대는 아마도 아들이 기숙사에 있다는 것보다 아들이 기숙사에서 나와서 주말 동안 함께 무언가를 했다는 것에 큰 행복감을 느끼고 그것에 대해 이야기하고 싶어 할 것입니다. 한 번에 정보를 많이 써 버린다고 할지라도 그렇게 함으로써 상대가 더 많은 정보를 줄 수 있다면 가장 좋은 선택입니다.

거리가 멀다고 다 좋은 정보는 아니다

정보를 선택할 때 질문과 거리가 가장 먼 것을 고르려다가 저지르는 실수가 하나 있습니다. 상대의 입장과 다른 이야기로 이어가 상대가 불편해지는 것입니다. 단순히 정보를 선택하려고만 생각하다 보면 문맥을 놓쳐 이런 실수를 저지르게 됩니다.

> A : "어제도 야근했다던데 정말 피곤하시겠어요."
> B : "네, 그래서 어제 편의점에서 잠이 잘 온다는 음료수를 사 마셨어요. 정말 잠은 일찍 들었는데 자는 동안에 꿈은 엄청 꾸고 출근길도 너무 피곤해서 오전 내내 정신이 혼미했어요."
> A : "와, 그 음료수 효과 좋나 보네요."
> B : "몸에 잘 받는 건지……. 잠은 빨리 오는데 그다음 날이 너무 힘들어요."

상대가 음료수를 마신 것은 분명히 우선순위가 높은 정보였지만 상대는 음료수가 효과가 좋은지 안 좋은지보다 현재 피곤한 것이 더 중요한 상황입니다. 즉, 음료가 효과 좋다는 입장이 아니라 음료 때문에 현재 피곤하다는 입장입니다. 이런 입장을 고려해서 정보를 활용하지 않으면 대화가 끊기는 상황이 올 수 있습니다.

같은 원리로 쪼갠 정보들 중에 상대가 다시 언급하고 싶지 않은 것이나 여러 명이 있을 때 특정인을 불편하게 만들 수 있는 정보는 배제해 두어야 합니다. 예를 들어 상대가 최근에 어떤 마음의 상처를 받은 일을 겪었을 때 그것을 무심코 언급할 수 있지만 그에 대해 질문을 듣는다면 불편할 수도 있습니다. 이럴 경우 내가 나서서 질문하며 독촉하지 말고 상대가 알아서 먼저 말할 때까지 기다리는 것이 좋습니다.

정보 선택이 어려운 당신을 위한 스몰토크 연습

지난 공식들의 연습과 마찬가지로 아래의 항목들도 대화 연습에 반영해 봅시다. 이전 연습에서는 나와 상대 그리고 공통의 정보를 활용해 질문을 던졌고, 해당 정보들을 쪼개서 정리하는 과정을 거쳤습니다. 이번에는 그 정보들 중 가장 쓸모있는 정보를 골라 대화를 이어가 봅시다.

① 질문자와 답변자는 자신이 건넨 말에 담긴 정보를 쪼개고 우선순위를 정합니다.
② 쪼갠 정보들을 바탕으로 각각 어떤 대응이 가능할지 정리합니다.

③ 질문자와 답변자는 각자 정리한 문장으로 직접 대화해 봅니다.
④ 실제 대화에서는 어떤 대응이 가장 좋을지 순서를 매겨보고 처음에 자신이 정한 우선순위와 비교해 봅니다.

만약 주고받은 대화에서 우선순위를 매길 만한 정보가 많지 않다면 아래의 예시문을 활용해 우선 순위를 매기고 그에 맞는 적당한 대응을 정리해 보아도 좋습니다.

A : "요새 새로 하는 취미 활동 같은 거 있으신가요?"
B : "댄스스포츠 동호회에 나가봤어요. 강사님이 너무 친절하셔서 계속 가보려고요."

A : "음식은 입에 좀 맞으시나요?"
B : "괜찮은 듯하네. 내가 고기를 워낙 좋아해서 이렇게 고기가 많이 들어있는 게 좋아."

☑ 인간관계가 수월해지는 스몰토크 공식 활용법 3

　상대가 대화를 통해 전달한 정보에서 우선순위를 매기고 가장 쓸모 있는 것을 골라내는 건 많은 연습이 필요합니다. 상대의 말을 듣고 대답을 하기 위해 너무 긴 시간 고민을 하는 것도 대화의 흐름을 방해하는 요소 중 하나가 되기 때문입니다. 그렇기 때문에 평소 상대를 잘 관찰하며 상대가 무엇을 중요하게 여기는지 눈여겨보는 습관을 가지는 것도 매끄러운 스몰토크에 큰 도움이 됩니다.

　만약 평소 상대가 무엇에 관심이 있는지 파악하지 못했고 대화에서도 쓸모 있는 정보를 얻어내기 어렵다면 너무 다양한 정보가 나오는 질문 대신 폭을 조금 좁힌 질문을 던지는 것도 하나의 방법입니다. 아래로 상사와 단둘이 점심 식사를 하러 중국집에 간 상황을 예시로 살펴보며 상대에게서 쓸모 있는 주제를 꺼내는 방법을 배워봅시다.

A : "얼마 전에 이 집이 TV에 나오면서 입소문 타기 시작했다길래 꼭 와보고 싶었는데 잘됐네요. 혹시 뭐 드시겠어요?"

B : "여긴 무슨 음식으로 유명한가?"

A : "특이하게 만두가 유명하더라고요. 짬뽕도 특히 국물이 맛있다 하고요."

B : "그래? 그럼 난 일단 짬짜면 시키고 만두도 하나 시켜서 같이 먹어보세."

(식사 중)

A : "짬짜면 시키신 걸 보니 여러 메뉴를 다양하게 드시는 걸 좋아하시나 봐요. 혹시 뷔페 같은 곳도 좋아하세요?"

B : "뷔페 좋아하긴 하는데 살찔까 봐 잘 안 가네. 요즘 다이어트 한다고 운동 시작했거든."

A : "저도 요즘 앉아 있기만 하다 보니 살이 너무 붙어서 회사 앞에 헬스장이라도 다녀볼까 하는데. 부장님은 효과를 벌써 보고 계신 것 같아요."

B : "나도 거기 다니고 있네. 그런데 아직 멀었지. 열심히는 하고 있는데. 술자리도 많고 해서, 이참에 개인 트레이닝을

> 좀 받아볼까 하고는 있네."
> A : "아, 그럼 제가 그 헬스장 등록하면 운동 좀 도와드릴까요?
> 제가 사회체육 경험이 좀 있어서 도움이 좀 되실 겁니다."
> B : "그래 주겠나?"

만약 이 대화에서 "짬짜면 시키신 걸 보니 다양하게 드시는 걸 좋아하시나 봐요. 혹시 뷔페 같은 곳도 좋아하세요?"라는 질문 대신 "어떤 음식 종류 좋아하세요?"라고 질문했다면 어땠을까요?

이 질문은 너무 펼쳐져 있습니다. '오늘 하루 어땠어?'처럼 자칫하면 성의 없는 질문으로 여겨질 수도 있습니다. 또한 간단한 질문에 비해 생각해야 할 것이 많아서 대답하기가 어렵습니다. 상대가 직접 선택한 것이나 했던 말을 정보로 이용하여 질문하면 상대 입장에서 훨씬 대답하기 편할 것입니다. 예를 들어 상대가 짬짜면을 골랐다면 상대는 국물이나 굵은 면이나 다양한 음식을 좋아한다고 유추해 볼 수 있습니다. 이를 통해 질문을 하는 것입니다.

"국물이 있는 음식 좋아하시나 봐요?"

"면이 굵은 것을 좋아하시나 봐요?"

이렇게 질문을 하면 상대의 대답에 따라 굵은 면이 나오는 라멘 집을 추천해 줄 수 있고 뷔페 이야기를 이어 나갈 수도 있습니다. 물론 대화 중에 상대는 언제든지 다른 주제의 대화를 원할 수 있습니다. 상황에 따라 스몰토크 공식을 적절히 활용하면 대화를 자연스럽게 이어갈 수 있을 겁니다.

공식 4:
뻔한 말도 특별하게 만들어라

 공식에 따라 대화하면 양질의 정보들이 계속 쌓이고 상대가 진정 원하는 주제를 찾게 됩니다. 수집된 정보를 입체적으로 활용하기 위해서 고려할 것은 두 가지입니다. 첫 번째는 어떤 정보들을 연결해 사용할 것인가를 결정하는 것이고 두 번째는 그것을 언제 사용할지 선택하는 것입니다.

 네 번째 스몰토크 공식은 적합한 정보들을 입체적으로 연결해 적재적소에 활용하는 방법을 담았습니다. 스몰토크 공식을 익혀 더 '센스 있게 말하는 기술'을 얻어봅시다.

공식 4: 뻔한 말도 특별하게 만들어라

대화를 통해 수집한 정보들을 다각적으로 연결해 활용하기.

정보를 연결하는 방법은 연결할 정보의 출처에 따라 세 가지로 구분할 수 있습니다.

첫 번째는 대화에서 새로 얻은 정보를 기존에 내가 알고 있던 정보와 연결하는 것입니다. 대화 이전에 알고 있던 정보와 지금 얻은 정보를 연결해 말을 하는 방법입니다. 한번 써먹었던 정보여도 새로 얻은 정보와 연결되면 새로운 대화 주제가 될 수 있습니다. 이 방법의 가장 큰 장점은 창의적인 말을 굳이 하지 않아도 상대가 특별하게 느낀다는 것입니다. 과거의 대화를 기억해서 대화를 이어가기 때문에 관계의 깊이가 후퇴하는 일 없이 계속 깊어질 수 있습니다.

특정 상대와 자주 만나고 자주 대화를 주고받다 보면 자연스럽게 그 사람의 과거 정보들이 기억에 남기 때문에 사용하기 수월해집니다. 친밀도가 높아질수록 대화가 자연스러워지고 말이 잘 통한다는 느낌이 드는 이유입니다. 자주 만나지 않으면 그 사람에 관한 정보들이 잊히기 때문에 친밀도를 올리기가 어려워집니다.

그래서 학창 시절 친구처럼 과거에 친밀도가 높았지만 현재는 자주 만나지 못하는 사이에는 대화 주제가 자주 과거 얘기로 흘러갑니다. 최근 정보가 없기 때문이기도 하지만 과거의 정보들이 그들을 친하게 만든 요소이기 때문에 계속해서 꺼내 쓰는 것이지요.

반면 아무리 자주 만나도 더 이상 친해진다는 느낌을 주지 못한다면 기존 정보를 활용하지 못하고 있는 것이 아닌지 의심해 봐야 합니다. 이 경우 상대의 정보와 기존의 대화를 기억하고 최대한 활용하기 위해 노력해야 합니다. 예를 들어 주말 동안 기숙사에서 나온 아들과 골프를 쳤다는 상사에게 아래와 같이 말하며 이 대화를 나누기 전에 이미 상사에 대해 알고 있던 정보와 엮어 대답하는 식입니다.

A : "주말 동안에 어디 다녀오셨나 봐요?"
B : "응. 아들이 기숙사에서 나와서 같이 골프를 치고 왔네."
A ① : "저번에 골프 정말 잘 치신 것도 효자인 아들 덕분이었네요."
A ② : "아드님 졸업식 다녀오신 게 얼마 전인 것 같은데 벌써 같이 골프를 치는군요."

뻔한 말을 특별하게 만드는 대화의 비밀

대화의 정보를 연결시키는 두 번째 방법은 상대를 관찰해서 얻은 정보를 활용하는 것입니다. 이때 상대의 정보는 단순히 말하는 것뿐만 아니라 현재 입은 옷이나 소품 등 외적인 것과 표정이나 동작 등 비언어적 메시지를 포함하는 것입니다. 이 중에 외적인 정보들은 미리 다 언급해 버리기보다는 새롭게 얻은 정보와 연결해 쓰는 것이 훨씬 좋습니다. 외적인 정보 중 눈에 띄는 것 위주로 얘기하면 대화가 진부하게 흘러가기 쉽기 때문입니다.

눈에 띄는 특징이라는 것은 나에게만 관찰되는 것이 아니라 다른 사람들에게도 쉽게 관찰되었을 가능성이 큽니다. 그래서 상대 입장에서는 이미 많은 사람들에게 자주 들어본 말일 것입니다. 그래서 나도 이런 것들을 언급하면 똑같은 말을 건넸던 많은 사람들과 같은 부류가 되어버립니다. 한 문장만으로 지루한 사람으로 낙인찍혀버리는 억울한 상황이 발생하는 것이지요. 하지만 눈에 띄는 특징과 대화를 통해 얻은 정보를 연결해 언급하면 상대에게 관심도 표현하면서 특별한 대화로 기억하게 만들 수 있습니다.

키가 큰 상대에게 만나자마자 "키가 엄청 크시네요"라고 말하면 상대 입장에서는 콤플렉스를 건드렸다고 느낄 수도 있고 매번 듣는 말이라고 생각할 수 있습니다. 만약 그런 상대에게 취미로 골프를 친다는 얘기를 듣게 된다면 이렇게 말해보는 것은 어떨까요?

"전 골프는 잘 모르지만, ○○ 씨는 키가 크셔서 골프 치실 때 스윙도 유리하시겠어요."

이렇게 키가 크다는 정보과 골프를 친다는 정보를 연결해서 말을 하는 것이 더 낫습니다. 이렇게 하면 상대 입장에서 훨씬 더 수월하게 대화를 이어갈 수 있습니다. 새로 산 가방이나 바뀐 헤어스타일 같은 것은 칭찬과 관심의 표현으로 바로 언급해주는 것도 좋은 선택입니다. 하지만 모든 변화를 한 번에 다 언급하기보다는 대화를 하다 얻은 새로운 정보와의 연결점을 찾아 사용하면 효과가 배가됩니다.

행동에 숨겨진 메시지를 읽어라

상대의 표정이나 동작과 같은 비언어적 메시지들 활용하기 위해서는 이런 메시지를 읽는 눈치가 필요합니다. 이것들은 상대의 생각을 읽는 단서가 됩니다. 이러한 메시지를 대화의 맥락과 연결해서 생각을 읽기 힘들면, 처음에는 단어와 연결된 비언어적 메시지를 읽는 노력을 해보시기 바랍니다. 다음의 세 가지 질문을 속으로 해보면 상대의 비언어적 메시지로 생각을 읽는 데 도움이 됩니다.

하나, '어떤 단어를 머뭇거리며 말하는가?'

상대가 어떤 단어에서 머뭇거렸다면 그 단어를 강조하기 위해서이거나 말하기 싫어서, 기억이 잘 나지 않아서일 수 있습니다. 만약 그 단어가 여러 번 등장하면 강조하려는 목적일 가능성이 있고 그 단어에서 계속 머뭇거린다면 말하기 싫은 단어일 수 있습니다.

둘, '어떤 단어를 더 강조하듯이 말하는가?'

강조는 갑자기 변화가 생기는 경우입니다. 목소리가 커지거나 작아지는 경우, 말이 빨라지거나 느려지는 경우 등이 해당됩니다.

셋, '어떤 단어에 어떤 감정이 연결되어 있는가?'

예를 들어 '밤을 꼬박 새워서 준비한 오후 발표가 걱정된다'고 말하는 상대가 '밤을 꼬박 새웠다'는 대목을 강조하면 밤새 준비한 것에 자부심을 느끼고 있을 수도 있습니다. 혹은 지난 주말에 무엇을 했냐는 질문에 대해 상대가 주말 내내 '주구장창 게임만 했다'고 답했다면 '주구장창'이라는 부정적인 뉘앙스의 단어를 통해 후회하는 감정을 비친 것일 수 있습니다. 그럴 때는 "(게임만 한 것을 후회하는 것 같은데) 좀 아쉽기도 하겠다. 원래 게임하는 것 말고 다른 계획이 있었던 거야?"라고 말해 상대의 아쉬운 감정을 짚어주며 대화를 이어갈 수 있습니다.

이렇게 상대의 정보와 다른 정보를 연결해서 쓰는 것은 상대가 '나를 알아주는 사람'이라는 느낌을 받게 됩니다. 빠른 시간 안에 친해질 수 있는 방법이기도 합니다. 만약 상대의 정보를 전혀 신경쓰지 않는다면 상대의 속뜻을 놓치는 경우가 많이 생겨서 겉으로는 친한 것 같아 보여도 뭔가 불편한 사이 혹은 미련한 대화 상대라는 인상을 줄 수 있습니다. 이 연결을 잘 쓰려면 관찰력이 중요합니다. 그리고 관찰력은 타인에 대한 관심에서 나옵니다.

앞서 살펴본 상사와의 대화를 예문으로 들어본다면 이런 대화도 가능합니다.

A : "주말 동안에 어디 다녀오셨나 봐요?"
B : "응. 아들이 기숙사에서 나와서 같이 골프를 치고 왔네."

> A : "오늘 더 활기차 보이시는 이유가 있었네요. 아드님이 벌써 골프도 같이 치고 부럽네요."

주말에 아들과 함께 골프 친 것을 자랑스럽게 느끼는 상사에게 "아드님이 벌써 골프도 같이 치고 부럽네요"라고 말하며 그의 마음을 알아주는 것이지요.

나와 상대를 하나로 만들어라

대화에서 얻은 정보를 다른 정보와 엮어 활용하는 또다른 방법으로는 바로 나의 정보와 연결하는 것입니다. 주의할 점은 이 방법이 정보를 가장 수월하게 연결할 수 있지만 자칫하면 불필요한 정보를 늘어놓는 인상을 줄 수 있다는 것입니다. 상대가 했던 말을 그대로 따라 하면서 "나도 그래"라는 식으로 쉽게 말하면 상대는 '이 사람 그냥 내 비위만 맞추고 있네'라고 생각하게 됩니다.

신기하게도 사람은 상대가 친해지려고 애쓸 때 오히려 마음의 벽이 생기곤 합니다. 우리가 물건을 살 때 직접 매장에 찾아가서 사는 것과 누군가 집에 찾아와서 팔려고 하는 것을 비교해 떠올려보면 그 마음의 벽을 바로 이해할 수 있습니다. 친해져달라고 애원하거나 나와 당신이 친해져야 한다고 설득을 하면 상대는 내가 왜 이 사람과 친해져야 하는지, 이 사람은 어떤 이유로 나와 친해지고 싶어 하는지 의문이 들게 됩니다. 이러한 거부감이나 의문 없이 자연스럽게 거리가 가까워지기 위해서는 상대가 느끼기에 '내가 이 사람과 친해졌구나'라고 먼저 느껴야 합니다. 상대와 진정한 친밀함을 만들기 위해서라도 자신의 정보를 매번 과도하게 연결해 쓰는 것은 피해야 합니다.

만약 자신의 정보를 전혀 연결시켜 쓰지 않으면 자신의 속내는 드러내지 않는 음흉한 사람처럼 비치거나 동질감이 없는 사람으로 여겨질 수 있습니다. 그래서 이 방법을 잘 쓰기 위해서는 다음의 세 가지를 고려해야 합니다.

첫 번째는 동질성입니다. 즉, 적절한 연결고리를 잘 찾아야 합니다. 억지로 연결고리를 만들려고 하면 상대는 입을 닫습니다. 예를 들어 상대가 최근에 읽은 일본 문학에 대해 이야기하려고 하는데 일본 여행을 가봤다고 연결시키려는 시도는 상대의 입을 막을 뿐입니다.

두 번째는 진정성입니다. 동질감을 주기 위해서 계속 상대와 내가 같다고 주장을 하다가 앞뒤가 안 맞는 이야기를 하게 되면 정말 대화하기 싫은 상대가 되어버립니다. 앞뒤가 맞아도 상대와 계속 같다는 이야기만 하고 있으면 지루한 대화 상대가 되거나 믿음이 가지 않는 상대가 되어버립니다.

세 번째는 명분입니다. 여기서 명분이라는 것은 이유 없이 그저 겹치는 정보를 늘어놓는 것이 아니라 특정한 이유가 있어서 같은 부분을 이야기하는 것입니다. 명분이 반드시 필요한 것은 아니지만 혹시라도 상대가 느끼기에 '그래서 어쩌라고?'가 되어서는 안 됩니다.

그럴 때는 아래의 예시문처럼 겸손한 자세로 나의 생각을 어느 정도 드러내며 동시에 상대가 무언가를 가르쳐줄 수 있도록 역할을 제시해도 좋습니다.

A : "주말 동안에 어디 다녀오셨나 봐요?"

B : "응. 아들이 기숙사에서 나와서 같이 골프를 치고 왔네."

A ① : "아드님이 벌써 골프를 잘 치시나 봐요? 제 아들은 아직 중학생인데도 골프를 배우고 싶다더라고요."

> A ② : "저는 아직도 골프를 배우는 중인데 아드님은 대단하네요."

상대와 나의 거리를 좁혀줄 빛나는 타이밍

정보를 연결할 수 있게 되었을 때 그것을 잘 활용할 수 있는 몇 가지 타이밍이 있습니다. 그중 가장 무난하게 대화를 이어갈 수 있는 방법은 정보를 연결할 수 있게 되었을 때 그 즉시 사용하는 경우입니다. 다만 일차원적인 정보는 대화가 너무 뻔해질 수 있어 바로 쓰지 않는 것이 좋지만 다른 여러 정보와 연결할 수 있는 특정한 정보는 흔하지 않기 때문에 즉시 사용해도 좋습니다. 이는 상대가 계속 새로운 정보를 쏟아내게 하고 친밀도가 올라가게 만드는 효과가 있습니다.

연결된 정보를 효과적으로 사용할 또 다른 타이밍은 바로 두 사람의 대화가 어색해진 순간입니다. 이는 벼락치기 공부와도 유사합니다. 필요에 의해 급하게 제시하긴 했지만 효과는 매우 좋을 수 있습니다. 어색한 순간들을 반복해서 제거하면 친밀함이 올라가고 대화를 주도하는 역할을 하게 됩니다. 예를 들어 상사의 골프 이야기가 어색해졌을 때 "그러고 보니 아드님이 엄청 효자네요"라고 이야기할 수도 있겠지요. 물론 이 문장 이후로 자신의 가족이나 자신과 관련된 골프 이야기로 대화를 잘 이어가야 할 것입니다.

어색하고 말이 끊긴 상황을 잘 넘기다 보면 자연스럽게 대화 상황을 조율하는 역할을 하게 되고 그 능력도 올라갑니다. 그런 어색함을 깨준 데 대해 사람들은 고마움을 느낍니다. 물론 침묵을 원하는 경우를 제외하고 말입니다.

만약 상대와의 대화가 끝나고 뒤늦게 상대와의 연결고리가 생각나도 문제는 없습니다. 다음 만남이라는 또 다른 타이밍이 있으니까요. 이는 다음 시험 내용을 미리 예습해 두는 것과 비슷합니다. 막상 다음 시험이 되었을 때 생각이 안 나 도움이 안 될 수도 있지만 이런 예습이 버릇이 되어있다면 결국은 남들보다 앞설 수 있게 됩니다. 하지만 다음번 만남에서 대화 주제로 사용하기 위해 지금 대화에 소홀하게 굴지는 않아야 할 것입니다.

지금 대화가 자연스럽게 이뤄지는 상황이거나 반대로 시간이나 감정의 문제로 대화가 길게 이어질 수 없다면 연결된 정보들을 나중에 쓰는 것은 좋은 선택입니다. 대신 나중에 쓰기로 결정했다면 머릿속에 정보들을 잘 기억해야 합니다. 이렇게 기억된 정보들은 기존 정보의 영역으로 들어가 새롭게 다른 정보들과 섞이며 정보를 입체적으로 만들어줄 것입니다.

만일 상사와의 다음번 대화에서 상사의 둘째 아들이 바둑을 배우기 시작했다는 이야기를 들었다면 "아드님 한 분은 골프를 치고 한 분은 바둑을 두고, 취미들이 성숙하네요. 제가 스승님들로 모셔야겠어요"라고 이야기할 수도 있을 것입니다.

칭찬은 정보를 춤추게 한다

대화 속에서 발견한 상대의 정보를 현재의 대화 바깥에 있는 정보와 연결시키는 대화법은 매우 활용도가 많습니다. 하지만 종종 도저히 상대와 연결할 정보가 없는 경우도 생기지요. 그럴 때도 방법이 없는 것은 아닙니다. 바로 '칭찬'이라는 최후의 보루가 있기 때문입니다.

"아들이 진짜 효자네요. 일찍 골프를 배워서 아버지와 많은 시간도 보내고요. 제 아들은……"이라고 상대를 칭찬하는 것이지요. 의미 없는 칭찬을 하는 것보다 상대의 정보와 연결시켜 칭찬을 하는 것이 진실로 전달되기 쉽고 더 특별한 칭찬이 될 수 있습니다. 정보도 칭찬과 연결되면서 상대가 더 편하게 대화를 이어갈 수 있게 됩니다.

다만 이런 연결을 너무 자주 하거나 목적이 있는 관계의 대화에서 쓰게 되면 아부로 비칠 수 있으니 주의해야 합니다. 또한 눈에 과도하게 띄는 것을 바로 칭찬하면 상대는 지루하거나 불쾌할 수 있어서 칭찬이 참 어렵습니다.

정보를 활용하기 시작하면 대화가 정말 즐거워집니다. 그리고 자신감이 많이 올라가지요. 이때 정보를 입체적으로 활용하고 상대를 효과적으로 칭찬하는 것들에 대해 인정받고 싶은 마음이 생겨납니다. 그래서 '칭찬을 받기 위한 칭찬'을 하는 실수를 저지르는 경우가 있습니다. 이런 것은 무의식적으로 대화에 발현되기 때문에 표면에 직접 드러나지는 않을 수도 있습니다. 하지만 눈치 빠른 상대라면 이런 마음을 느끼고 불편해하기도 합니다.

상대를 칭찬하고 정보를 활용하는 이유는 상대를 편하게 배려하며 대화를 자연스럽게 이어가기 위함입니다. 이 목적을 잊지 말고 대화가 매끄럽게 이어지고 정보들이 오가는 것에 즐거움을 느껴야 합니다. 칭찬받고 인정받는 것은 자연스럽게 따라오는 것일 뿐 목적이 되어서는 안 됩니다.

> "너 이거 새로 샀구나. 내가 딱 알아봤지."
> → 어때? 내가 알아봐 줬어.

> "노력하는 모습이 멋지다. 난 게을러서 신경 안 쓰고 살아."
> → 그래도 이 정도야. 칭찬해 줘.

이런 속마음을 상대가 안다면 얼마나 부끄러운가요? 반대로 만약 상대가 나의 저런 속마음을 모른다면 칭찬을 못 해줄 텐데 얼마나 아쉬울까요? 어떤 쪽도 원하는 결과를 얻을 수 없습니다. 타인에게 인정받으려는 욕심이 강하고 그래서 인정받는다고 느낄수록 실은 타인의 인정은 멀어지고 있습니다. 처음의 목적을 잘 유지하며 대화의 즐거움을 키워가길 바랍니다.

대화 고수의 비밀은 참을성에 있다

정보를 활용할 때 참을성 있는 태도로 대화에 임하는 것은 중요합니다. 참을성 하나로 대화의 고수와 하수가 나뉘기 때문입니다.

하수는 자신이 아는 정보가 나오면 바로 그것에 대해 말합니다. 맥락을 읽기보다는 단어에 집중해서 대화하기 때문에 사차원이라거나 말귀를 못 알아듣는다는 평가를 받기 쉽습니다. 게다가 말을 많이 하기까지 하면 달변가가 아니라 수다쟁이가 될 수밖에 없습니다. 왜냐하면 상대와 의미 있는 대화를 나누는 게 아니라 그냥 상대가 늘어놓은 단어로 자기 할 말만 하고 있는 것이기 때문입니다. 더구나 상대가 어떤 입장인지 끝까지 알지 못하는 불상사도 생길 수 있습니다.

> A : "어제 날 새서 잠 깬다는 ○○○ 음료 마셨는데 아무 소용 없네. 잠을 깨야……."
> B : "어, ○○○ 음료 맛있겠던데."
> A : (무슨 말이야. 지금 내가 졸리다는데. 말이 안 통하네. 피곤하니 입을 닫자.)

> A : "지난주에 타로를 보러 갔는데……."
> B : "타로? 타로 잘 보는 데 있어?"

A : (에휴……. 내 얘기에는 관심도 없나 보네. 그냥 타로 잘 보는 데 이야기나 해주고 자리를 피해야겠다.)

한국말은 마지막에 입장이 드러나는 경우가 많기 때문에 끝까지 들어봐야 합니다. 상대의 말이 끝나기를 기다리지 못하는 대화 하수는 상대에게 불쾌한 인상을 주기 쉽습니다.

이에 반해 중수는 자신이 아는 정보가 나와도 기다렸다가 말합니다. 정보 활용의 타이밍에 대해서 이해가 된 상태입니다. 좋은 매너 덕에 좋은 사람이라는 인상을 줄 수 있습니다. 다만 대화하기에 편한 상대일 수는 있어도 어떤 정보가 중요한지 파악하지 못하고 얘기하는 경우가 많다는 특징이 있습니다.

A : "어제 날 새서 잠 깬다는 ○○○ 음료 마셨는데 아무 소용 없네. 잠을 깨야 오후 발표 잘할 수 있을 텐데. 걱정이야."
B : "효과 괜찮은 다른 음료는 없었어?"
A : (난 지금 발표 걱정 때문에 음료 얘기는 별로 하고 싶지 않은데. 굳이 이런 걸 물어봐야 하나?)

A : "지난주에 점을 봤는데 당분간 연애할 생각하지 말라고 하더라고. 내일모레 소개받기로 한 사람이 있는데."
B : "어떤 점 봤어? 근데 점 그거 다 통계 아닌가?"
A : (지금 내가 하고 싶은 말이 그건 아닌데. 그냥 점 얘기나 할까…….)

정보를 활용하는 타이밍은 알지만 정보의 우선순위를 파악하지 못하면 불필요한 질문으로 대화의 맥락을 끊어 진부한 대화를 하게 되는 경향이 있습니다. 그래서 대화 상대로 매력은 없습니다. 만약 내가 상대와 대화를 해도 계속 맴도는 느낌이 들거나 친밀해지지 못한다는 느낌이 든다면 현재 중수에 머물러 있는 것입니다.

고수는 정보를 얻어도 기다리고 그중에 중요한 것을 선별해서 기억하고 활용합니다. 정보의 우선순위에 대한 이해가 있고 적절한 타이밍을 잡아 상대가 원하는 키워드를 집어 이야기를 이어갈 수 있는 수준입니다.

A : "어제 날 새서 잠 깬다는 ○○○ 음료 마셨는데 아무 소용 없네. 잠을 깨야 오후 발표 잘할 수 있을 텐데. 걱정이야."
B : "중요한 발표라 걱정되겠다. 날 샌 만큼 열심히 준비했으니까 잘할 수 있을 거야."
A : (마침 발표가 걱정되고 있었는데 내 마음을 알아주는구나.)

A : "지난주에 점을 봤는데 당분간 연애할 생각하지 말라고 하더라고. 내일모레 소개받기로 한 사람이 있는데."
B : "나도 예전에 점 보고 그런 얘기 들은 적 있는데, 결국 그 관계를 어떻게 만들어가는지가 더 중요한 것 같더라. 그런데 어떻게 소개받게 된 사람이야? 혹시 연락은 주고받았어?"
A : (좀 안심이 되네. 그럼 그 사람 이야기 좀 해볼까?)

상대가 원하는 대화 주제와 타이밍을 바로 알아채는 고수의 대화는 친밀도가 빨리 올라가게 되어 상대가 '나를 알아주는 사람을 만났다'고 여기게 됩니다.

그리고 고수를 넘어서는 대화의 달인이 있습니다. 달인은 대화의 권력을 쥐는 사람입니다. 상대가 원하는 것을 주면서도 대화 센스가 있어서 말을 많이 하지 않아도 대화를 주도합니다. 이는 앞선 예시처럼 한 두 문장으로 가능한 것은 아닙니다. 정보를 융합하는 방식을 이해해야 합니다. 상대의 과거 정보와 비언어적 정보들을 합쳐 새로운 정보로 만들어 상대에게 돌려주는 기술이 필요합니다. 이를 위해 네 번째 공식을 잘 체득하고 활용할 줄 알아야 합니다.

센스 있는 대화가 어려운 당신을 위한 스몰토크 연습

여기까지, 상대와의 대화에서 얻은 정보를 '나에 대한 정보'나 '기존에 내가 알고 있던 정보', 혹은 '상대를 관찰해서 얻은 정보'와 엮어 다각적으로 활용하는 법을 배워보았습니다. 이를 실제 상황에서 자연스럽게 사용하기 위해서는 연습 과정이 필요합니다. 정보를 다각적으로 활용하는 이 세 가지 방법을 이전 스몰토크 공식 연습에 이어서 반영해 보세요.

① 질문자와 답변자는 정보를 쪼개고 우선순위를 정해 서로 대화를 나눈 후 어떤 대응이 가장 좋았는지 선택합니다.
② 해당 대화문을 기준으로 나에 대한 정보, 기존에 알고 있던 정보, 상대를 관찰해서 얻은 정보 등을 다각적으로 엮어 더 나은 대화문으로 보완해 봅니다.
③ 질문자와 답변자는 새로 정리한 문장으로 직접 대화해 봅니다.
④ 질문자와 답변자는 처음에 선택한 가장 좋은 대화문과 정보를 입체적으로 활용해 보완한 대화문이 어떻게 다른지 비교해 봅니다.

만약 질문자와 답변자의 대화에 정보가 부족하다면 아래의 대화 예문을 참고해 예문에 제시한 답변 외에도 어떻게 정보를 다각적으로 활용한 대답을 하면 좋을지 새로운 답변을 작성해 보아도 좋습니다.

A : "어제 날 새서 잠 깬다는 ○○○ 음료 마셨는데 아무 소용

없네. 잠을 깨야 오후 발표 잘할 수 있을 텐데. 걱정이야."
B : "이번에도 열심히 준비했구나. 이전에 발표할 때 마지막에 밤새 준비했다는 멘트에서 정말 열정이 느껴졌었는데. 이번에도 그때처럼 멋있게 하는 거 보여줄 수 있을 거야."

A : "지난주에 점을 봤는데 당분간 연애할 생각하지 말라고 하더라고. 내일모레 소개받기로 한 사람이 있는데."
B : "역시 넌 인맥이 좋아서 그런가 소개가 많이 들어오는구나. 예전에 갔던 점괘 잘 맞춘다는 곳이라 소개받을 때 걱정이 되는 거야?"

☑ 인간관계가 수월해지는 스몰토크 공식 활용법 4

상대에게서 얻은 수많은 언어적, 비언어적 정보들은 다음 대화의 가능성을 만들어주는 중요한 자원입니다. 하지만 이 자원을 잘못 활용하는 경우 큰 독이 되어 돌아오기도 합니다.

오랜만에 만난 오랜 친구와 대화를 나누는 상황을 살펴봅시다. 예시문에서는 상대의 말밖에 읽어낼 수 없지만 실제 상황이라고 생각해 보고 상대의 말투, 표정 등을 상상하며 읽어봅시다.

> A : "요즘 어떻게 지내냐?"
> B : "난 요즘 ○○○ 시험 준비해."
> A : "요새 ○○○ 시험보다 통과하기 쉽다던 ×××시험도 경쟁

> 률이 완전 바늘구멍이라던데."
> B : "그래서 거의 밤을 새우면서 하고 있어."
> A : "다들 말은 그렇게 하고 종일 게임만 하고 자고 그러더라."
> B : "……."
> A : "뭐라도 좀 시킬까?"
> B : "그럼 시키지 안 시키냐?"
> A : "왜 갑자기 화를 내고 그래?"

대화는 거의 싸움이 시작되는 상황에까지 이르렀습니다. 그런데 이 대화에서 A는 악의가 없었을지도 모릅니다. 하지만 서툰 대화 능력이 결국 B를 화난 상태로 만들어버렸습니다. 상대가 걱정하고 있는 부분을 굳이 언급하고 상대의 말은 무시한 채 다른 사람들에 대한 이야기를 하였기 때문입니다. 그러면 어떻게 개선할 수 있을까요?

> A : "요즘 어떻게 지내나?"
> B : "난 요즘 ○○ 시험 준비해."

> A : "아. 그래? 힘들겠네. 준비 잘 되어가?"
> B : "거의 밤을 새우면서 하고 있어."
> A : "장난 아니구나. 오늘 나 만나러 나오기도 힘들었겠다."
> B : "괜찮아. 친구 보러 나올 시간은 있어."
> A : "그래. 뭐라도 좀 시킬까?"

 몇 마디 말만 바뀌어도 전혀 다른 상황으로 흘러갑니다. 특히 상대에게 공감해 주며 대화를 이어가면 상대는 마음을 열고 더 많은 정보를 주게 됩니다.
 이렇게 단순히 정보를 활용한다는 것만으로는 대화를 매끄럽게 흘러가게 만들기 어렵다는 것을 살펴보았습니다. 대화의 기술도 중요하지만 결국 대화란 감정을 가진 사람과 사람 간의 소통이라는 것을 명심하길 바랍니다.

4장
말 잘하는 사람들은 이렇게 대화합니다

백 마디 말보다 한 번의 리액션이 분위기를 결정한다

지금까지 배운 네 가지 스몰토크 공식에 따라 대화를 하다 보면 상대가 신이 나서 많은 이야기를 쏟아내는 것을 경험하게 될 것입니다. 이러한 대화에서 나와 상대의 관계는 2장에서 다뤘던 '관계 상황'으로 판단했을 때, 분위기가 좋은 친구 상태 혹은 파티 상태입니다. 앞서 말씀드린 바와 같이 친밀도가 높은 친구 상태라 할지라도 오버하는 것을 주의해야 합니다. 파티 상태 또한 다음을 기약할 수 있도록 관계를 만들어야 하지요.

이를 위해 중요하게 생각할 것 중 하나가 바로 리액션입니다. 상대가 신이 나서 이야기를 쏟아낼 때 여러분 자신도 페이스를 잃고 상대의 흥분된 상태를 따라가면 실수를 할 수 있습니다. 열정적으로 대화를 하려다가 상대의 말을 끊거나 잘못된 리액션을 해버리는 것이지요.

상황에 따라 적절한 리액션 고르기

대화의 분위기가 올랐을 때도 페이스를 잃지 않고 친밀도를 올리며 정보를 잘 운용하기 위해 리액션을 구분해서 쓸 줄 알아야 합니다. 리액션은 소리를 내는 것과 소리 내지 않는 리액션으로 구분되는데 각각 사용 방법이 다릅니다.

먼저 소리 내는 리액션은 다음과 같은 것들이 있습니다.

- "아, 그렇구나."
- "그래. 그래."
- "야, 그거 대단하네."
- "대박이다. 내 생각에도……."
- "나도 그거 정말 좋아해."
- "네 말이 정말 맞아."
- "내 생각도 그래."
- "어쩜 그렇게 잘 알아?"
- "아, 그런 것도 있어?"
- "그 음식! 정말 맛있더라!"

이 말들은 대화를 매끄럽게 해줄 수 있는 좋은 리액션입니다. 하지만 이런 리액션을 상대가 문장을 마치기 전에 할 경우 대화에 문제가 생깁니다. 상대의 말을 끊게 되는 것이지요. 소리를 내는 리액션은 반드시 상대의 문장이 끝난 후에 해야 합니다. 상대의 말을 끝까지 듣지 않는 리액션이 자주 일어나게 되면 상대는 자기도 모르게 서서히 말을 줄이게 됩니다.

사람의 기억력은 한계가 있어 한 번에 여러 가지 생각과 대화가 오가다 보면 자신이 하려던 말을 잊어버리게 됩니다. 여러분도 어떤 말을 하려고 했는데 잠깐 타인의 말을 들어주거나 다른 질문에 대답하다가 하려던 말을 잊게 되는 경험이 있을 것입니다. 기억이 나더라도 처음에 하려던 이야기에 비해 대폭 축소된 이야기가 될 가능성이 크지요. 이렇게 되면 그만큼 정보의 양이 적어집니다.

또한 사람은 타인의 기대를 저버리지 않고 싶어 하기 때문에 자칫 끊긴 말 다음으로 이어가려던 말이 상대의 리액션과 다른 입장을 드러낼 말이었다면 문제가 생기기도 합니다. 원래 하고자 했던 말을 차마 하지 못하게 되거나 다시 이어서 하더라도 원래 하려던 것보다 적은 양의 이야기만 하게 되는 결과가 생기기 때문입니다.

비슷한 이유로 사람은 타인에게 기꺼이 책임과 권리를 나눠주고 싶어 하기 때문에 타인이 말을 끼어드는 순간 대화는 한쪽으로 기울게 됩니다. 말을 끊은 상대가 대화의 지분을 원하고 있다고 무의식적으로 판단하게 되고 상대에게 말할 기회를 주려는 사람들이 많습니다. 그래서 자신의 책임과 권리를 내어주며 대화의 주도권을 포기하는 것이지요. 이런 심리는 원래 하려던 이야기까지 잊어버리게 만드는 힘이 있습니다. 그래서 그냥 이야기가 흐지부지 끝나버리게 됩니다.

내향인, 외향인 맞춤 리액션

내향적인 사람의 경우 이런 경향이 더욱 강하게 나타납니다. 왜냐하면 내향적인 사람은 생각을 정리해서 말을 하기 때문에 중간에 하고자 하는 말이 끊기면 다시 생각을 정리해야 하는 일들이 발생해서 대화 자체가 피곤하게 느껴지게 됩니다. 만약 상대가 외향적인 사람이라면 대화 중간에 소리를 내는 리액션이 괜찮을 수도 있습니다.

하지만 생각보다 외향적인 사람을 구분하는 것이 쉽지가 않습니다. 일반적으로 외향적인 사람은 목소리가 크고 말이 빠르고 말이 많을 것이라고 생각하지만 경험이 쌓이고 사회적으로 필요성을 느끼면서 원래 자신의 성격과 다른 모습을 보이는 경우가 많습니다. 그래서 첫 느낌으로 구분하지 말고 친밀도가 쌓이고 상대의 다양한 모습을 볼 수 있을 때까지 이 방법을 지켜야 합니다.

외향적인 사람을 구분하려면 같은 내용을 이야기할 때 말이 바뀌는 경우가 잦은지 확인해 보면 됩니다. 외향적인 사람은 말을 하면서 생각을 정리하기 때문에 말을 하는 상황이나 상대에 따라 바뀌는 경우가 내향적인 사람에 비해 잦습니다. 이처럼 외향적인 사람은 대화 자체가 생각을 정리하는 데 도움을 주기 때문에 중간에 소리를 내는 리액션을 해도 괜찮은 경우가 많은 것입니다.

혹시 문장이 끝나지 않았는데 상대의 말 중간에 리액션을 하였는데 상대가 말을 활기차게 이어가지 않는다면 다음과 같이 말해서 다시 하려던 말을 기억나게 도와주면 됩니다. 예를 들어 "응, 그래. 아까 하던 ○○○에 대한 이야기 마저 들려줄 수 있어?"라던가 "아까 말하던 ○○ 얘기는 뭐였어?" "그렇게 한 뒤로는 어떻게 됐어?"라고 상대가 하던 말을 되짚어 상기시키는 것입니다.

리액션 법칙에도 예외는 있다

　상대 대화의 문장이 끝났을 때 소리 있는 리액션을 하는 것이 좋다고 했지만, 상대가 문장을 마쳤을 때라도 해서는 안 되는 리액션이 세 가지가 있습니다. 혹시 이 중에 버릇처럼 하고 있는 것이 있다면 반드시 고쳐야 합니다

　하나는 "그럴 리가 있어?" "그게 말이 되나?"라고 하며 의심하는 리액션입니다. 신이 나서 이야기하다가도 자신이 준 정보가 의심으로 돌아오면 어떤 사람도 더 이상 말하고 싶지 않을 것입니다. 간혹 상대의 대단함을 칭찬하려는 의도로 의심하는 리액션을 하는 경우가 있습니다. 의도가 전달되면 참 좋겠지만 그렇지 못한 경우도 많으니 칭찬은 그냥 칭찬으로 하는 것이 안전합니다.

　두 번째는 "그 방법보다 이런 방법을 써야지" "그 정도야 예전부터 다 알지"라며 똑똑한 척하는 리액션입니다. 똑똑한 척을 하는 사람은 즐거울지도 모릅니다. 하지만 상대는 그것을 통해 무엇을 얻을까요? 만약 상대가 배우길 원했다면 원하는 것을 주었으니 참 좋은 대화이겠지만 원하지 않았다면 상대는 불편함을 넘어 불쾌함을 느낄 것입니다. 물론 상대가 모르는 것을 알려주고 싶다는 생각에 말을 한 것이라면 다소 억울할지도

모릅니다. 하지만 어떤 상대라도 상대적으로 멍청함을 느끼게 만드는 대화를 좋아하지 않을 것입니다.

마지막으로 절대 해선 안 될 리액션은 잘난 척입니다. 예를 들면 "겨우 그거 때문에 이제껏 얘기한 거야?" "그건 네가 아직 다른 걸 못 해봐서 하는 소리야"라고 하며 상대를 낮추는 말들이지요. 자신을 돋보이게 하고 싶다는 욕심 때문에 이런 말을 하게 되는 경우가 많지만 결과적으로는 오히려 나의 자존감이 부족해 보일 뿐 아니라 '꼰대'라는 별명이 생길 수 있습니다. 만약 이런 식의 말을 많이 하고 있다면 상대를 온전히 인정하고 칭찬하는 말을 의식적으로 자주 해보시기 바랍니다.

소리 없는 리액션은 뒷심이 강하다

상대의 문장이 끝날 때 소리를 내는 리액션을 한다면 문장의 중간인 단어의 끝에서는 소리를 내지 않는 리액션을 해야 합니다. 이는 다큐멘터리를 촬영하는 감독이나 인터뷰를 진행하는 기자들이 주로 사용하는 리액션과도 유사합니다. 그들은 대상이 충분히 말을 하고 자신의 말이 영상 기록의 중간에 끼어들어 전체적인 완성도를 해지지 않도록 소리 없는 리액션을 사용합니다. 그렇다고 만약 그들이 리액션을 아예 하지 않는다면 대상들은 무언가 이야기를 하다가 어색하거나 흥이 나지 않아 말을 멈춰버릴 것입니다.

여러분의 대화도 하나의 작품이라고 생각하고 상대 말의 완성도를 높여준다면 상대는 여러분과의 대화가 아주 행복한 기억으로 남을 것입니다. 무음 리액션은 문장이 끝나지 않은 상태에서 쓸 수 있기 때문에 기다리거나 할 필요가 없습니다. 이 리액션들은 언제나 상대가 말하고 싶어 안달 난 것을 계속 말하도록 응원하는 역할을 합니다.

가장 효과적인 무음 리액션 베스트 3

무음의 리액션 중 언제든 반드시 필요하고 가장 효과적인 것이 세 가지가 있습니다.

첫 번째는 미소입니다. 미소는 '나는 당신과 친밀합니다'라는 메시지를 전달합니다. 친밀하지 않다가도 지속적인 미소를 전하면 무의식적으로 친밀함을 느낍니다. 말을 잘하는 사람들은 대체로 대화 중에 미소를 자주 짓기도 할 뿐더러 보통 사람들도 대화 중에 상대가 미소 지을 것을 기대하지요. 그래서 미소를 짓지 않으면 어딘가 불편해 보이는 느낌을 전달하게 됩니다. 심각한 상황이나 슬플 이야기가 오가는 상황을 제외하고 언제든 은은한 미소를 짓는 것이 좋습니다.

만약 자신이 미소 짓기를 잘 못한다면 거울을 보고 연습해 봐야 합니다. 처음에는 입꼬리를 올리며 자연스러워지도록 연습하고 그다음은 눈도 함께 웃도록 연습합니다. 자신의 미소 짓는 표정을 충분히 기억한 후 실제 대화할 때 의식적으로 미소를 살짝 머금도록 합니다.

두 번째 무음 리액션은 고개를 끄덕이는 것입니다. 이렇게 하는 것은 '나는 당신의 말에 동의합니다'라는 메시지를 전달합니다. 이는 오히려 상대의 말에 동의하지 않을 때 더욱 효과적입니다. 고개를 끄덕이면 상대는 무의식적으로 자신의 말에 동의한다는 느낌을 받으며, 만일 반박을 하더라도 수용할 가능성이 높아집니다. 굳이 소리 내지 않아도 잘 듣고 있고 동의한다는 느낌을 지속적으로 주기 때문에 자주 끄덕이는 것이 좋습니다.

다만 상대가 화가 났거나 혼을 내는 경우 너무 빠르게 고개를 끄덕이지는 않아야 합니다. 만약 고개를 끄덕이는 것을 못한다면 처음에는 의식적으로 해야 하는데 두 명 이상 모여서 훈련을 하면 좋습니다. 자신이 고개를 끄덕이지 않으면 신호를

달라고 하여 계속 의식적으로 끄덕이도록 하다 보면 어느 순간 남의 도움 없이 의식적으로 할 수 있게 되고 그다음에는 무의식적으로 고개를 끄덕이게 됩니다.

이때 상대에게 강하게 동의하고 있음을 어필하고 싶다면 알겠다는 의미로 '아' 혹은 대단하다는 의미로 '오' 등의 입 모양을 보이며 고개를 끄덕이면 됩니다.

마지막 무음 리액션은 시선 마주치기입니다. 시선을 마주치는 것은 '나는 신뢰할 만한 사람입니다'라는 메시지를 전합니다. 시선을 자주 피하거나 아예 다른 곳을 쳐다보면 믿음을 주지 못할뿐더러 능력 없는 사람으로 비칠 수 있습니다.

다만 한국인들은 상대적으로 시선을 계속 마주치는 것을 부담스러워하는 경우가 많기 때문에 대화 중 절반 이상만이라도 시선을 마주친다는 생각으로 임하는 것이 좋습니다. 단, 상대와 시선을 마주치고 있다가 다른 곳을 바라볼 때 명분이 있어야 합니다. 가방 안에서 무언가를 꺼낸다거나 음료를 집는다거나 생각에 잠기는 것을 보이는 등 이유가 있는 시선 처리를 해야 합니다. 이유 없이 다른 곳을 보는 일이 잦으면 오히려 시선을 피한다는 느낌을 주게 되어 도리어 반감이 생길 수 있습니다.

만약 시선을 똑바로 쳐다보는 것이 힘들면 양쪽 눈을 번갈아 가며 보고, 그것도 힘들다면 시선 보다 약간 아래 콧잔등을 바라보면 됩니다. 단, 상대를 압박해야 하는 상황이라면 시선보다 약간 위 이마 쪽을 보는 게 효과적입니다.

최고의 리액션은 경청이다

지금까지 상황이나 상대에 따라 달라지는 리액션 사용법을 알아보았습니다. 만약 위의 방법들을 지키지 않는다면 어떤 일이 벌어질까요? 상대가 말하는 문장 중간에 리액션을 강하게 넣거나 문장이 끝난 후 그에 대한 정보를 언급조차 안 하겠지요. 상대가 무슨 말을 하더라도 단어에만 집중하여 다음 말을 시작하게 됩니다.

이런 식으로 대화하면 맥락을 읽을 수 없게 됩니다. 반드시 상대의 문장이 끝날 때 소리로 리액션을 하고 단어 사이에서는 무음 리액션을 보여주세요. 그 후 상대의 문장으로 얻은 정보들을 언급하여 대화를 이어가면 됩니다.

사람들은 경청이 중요하다는 것은 알지만 정작 경청을 어떻게 해야 하는지 잘 모르는 경우가 많습니다. 경청을 아무리 해도 대화가 겉만 맴도는 경우가 있고 반대로 상대의 내면으로 깊이 들어가는 경우가 있습니다. 이 차이가 바로 이 리액션 공식을 얼마나 잘 적용하는지 아닌지에 따라 발생합니다. 열심히 경청을 한답시고 눈치 없이 소리 내는 리액션을 아무 때나 해대면 분위기가 좋아보일지라도 상대는 지쳐가고 있을 것입니다. 또한 무음 리액션만 가지고 경청을 한다면 상대는 지루함을 느낄 수도 있습니다.

단순히 듣는 것 혹은 적극적으로 호응해 주는 것만이 경청이 아닙니다. 적절한 상황에 적절한 리액션이 상대의 내면으로 다가가는 진짜 경청입니다.

대화의 흐름을 끊는 최악의 리액션

리액션 법칙의 금기 사항은 너무도 당연하지만 상대의 말을 끊는 것입니다. 이때 상대의 성향과 평소 관계를 고려해야 합니다. 친한 사이에서는 중간에 리액션을 얼마든지 강하게 하고 반박을 해도 큰 문제가 없을 수 있습니다. 왜냐하면 서로 어떻게 말하는지 알고 본심을 이해하고 있기 때문입니다. 그리고 말이 끊겨도 기억만 난다면 언제든지 이어갈 수 있습니다. 하지만 스몰토크로 친해지길 원한다면 상대의 성향이 완전히 파악되기 전에는 예의를 지키는 것이 중요합니다.

이때 예의란 인간관계의 기준입니다. 상대가 어떤 사람이더라도 벗어나지 않을 기준으로 상대를 대하는 것이지요. 서서히 친밀도가 올라가고 서로에 대해 알게 되면 각자의 특별한 기준에 대한 정보를 주고받으며 그 관계만의 특별함이 생겨납니다. 이를 위해 처음 지켜야 할 예의 중에 가장 기본은 상대의 말을 끊지 않는 것입니다. 상대가 쉬지 않고 말할 경우에도 단어에서 말을 끊는 것보다 문장을 마친 후 리액션과 함께 자신의 이야기를 하도록 합니다.

만약 그런 시도에도 꾸준히 자신의 말만 하는 사람이라면 선택해야 합니다. 그 상대과 관계를 줄이거나 끊을 것인가 혹은 전략적으로 상대가 원하는 대화를 하며 마음을 얻을 것인가, 이 둘 중에 하나를 말이죠.

우리 지금부터 이 얘기할까요?

지금까지 배워본 대화의 공식들과 리액션 법칙을 함께 활용하면 상대와 대화를 매끄럽게 이어가는 데 문제가 없을 것입니다. 하지만 상대와 친밀도를 더 높이기 위해서는 상대도 원하는 한 가지 주제로 대화가 더 깊게 진행되는 경험을 해야 합니다. 계속 새로운 소재들이 오가며 한 가지 주제로 이야기가 진행되지 않는다면 분위기가 좋아지는 것에 비해 상대적으로 친밀함이 커지지 못하고 있을 수도 있습니다.

상대와의 대화 주제를 한 가지로 합의하기 위해서는 몇 가지 단계에 따라 상대를 파악하며 대화하는 과정이 필요합니다.

최고의 주제 선정을 위한 첫 번째 단추

대화 주제를 한 가지로 합의하기 위한 첫 번째 단계는 바로 대화의 맥락과 상대를 파악하는 것입니다. 이는 어렵지 않습니다. 앞서 배운 스몰토크 공식을 활용해 정보를 수집하는 과정이 바로 맥락과 상대를 파악하는 방법이기 때문입니다. 우선 상대에게 질문을 던지고, 그 질문에서 가장 거리가 먼 정보로 재차 질문을 던져 답을 듣습니다. 이때 잘 살펴봐야 하는 것이 바로 새로 던진 질문에서 질문의 주제를 벗어난 키워드가 있는가입니다.

만약 새로운 질문에 대한 상대의 대답에서 주제를 벗어난 키워드가 있다면 새로운 키워드를 대화 주제로 삼을 것인지 탐색해가며 다시 대화를 이어 나가면 됩니다. 하지만 이런 키워드 없이 상대가 동일한 주제를 다시 언급한다면 현재 나누고 있는 대화의 주제가 정해졌다고 봐도 좋습니다.

단 한 가지 주의할 점이 있는데, 만약 상대와의 관계가 아직 가깝지 않은 상태라면 처음에는 친밀감이 쌓이지 않아 그저 내가 던진 질문에 대답만 하고 있는 경우일 수도 있습니다. 그럴 때는 우선 상대가 긴장을 풀고 대화에 적극적으로 참여할 수 있도록 자신의 정보를 충분히 전달하면서 상대의 말문을 열어

주면 좋습니다.

이어지는 대화 속에서 추가 키워드 없이 하나의 주제로 정보가 모인다면 이 대화는 '암묵적으로' 대화의 주제가 합의된 상태입니다. 암묵적 합의 상황은 상대가 원하는 대화 주제를 찾은 것이기 때문에 상대의 깊은 내면과 같은 고급 정보를 얻을 수 있습니다. 또한 상대의 질문에 대답과 리액션만 해줘도 대화가 이어지는 상황입니다. 이러한 상황에서는 상대의 질문에 대한 답변을 할 때 상대와 4:6 정도의 비율로 대답을 해주는 것이 좋습니다. 물론 4:6에서 더 많은 비중을 차지하는 6이 상대의 몫입니다.

주제가 암묵적으로 합의되었을 때는 상대가 새로운 정보들을 추가로 주더라도 다른 주제로 섣불리 넘어가지 말고 이 정보들을 우선순위에 따라 잘 기억해 두어야 합니다. 합의 단계를 잘 유지시키면 상대의 몰입을 끌어낼 수 있습니다. 혹시 대답과 리액션만으로는 대화가 매끄럽지 않게 흐른다는 느낌이 들면 주제에 맞는 질문을 던져서 다시 상대의 말을 끌어내도록 시도해 보면 됩니다.

시작만큼이나 중요한 끝맺음

　합의된 주제를 통해 상대와 대화를 매끄럽게 이어 나갔다면 다음 단계는 이 주제를 잘 마무리하는 것입니다. 한 가지 주제로 이어진 대화가 순조롭게 잘 흘러가 충분한 이야기를 나누었을 때 우리는 판단을 내려야 합니다. 현재의 주제를 완료하고 새로운 주제로 대화를 시작하거나 혹은 이 대화를 아예 마칠 수도 있고, 이전의 합의 단계로 돌아가 계속 대화를 이어갈 수도 있습니다.

　그중 어느 선택지를 고를지 고민이 된다면 다음과 같은 점들을 확인해 보면 됩니다. 만약 대화가 매끄럽게 흘러가지 않아 내가 한 질문에 대해 상대가 새로운 주제의 키워드를 언급하는 대답을 한다면 이 주제는 완료할 준비를 해야 합니다. 이 경우 급작스럽게 바로 다른 주제를 선택해 넘어가기보다는 한 번 더 질문을 하여 확인한 후 결정하는 것이 좋습니다. 혹시 상대가 나의 질문에 다른 키워드를 언급하는 상황이 세 번 이상 반복된다면 현재 주제 이외의 다른 새로운 주제로 대화를 시작해야 합니다.

　만약 두 번 연속 같은 주제로 벗어났다면 바로 그 주제를 선택해야 합니다. 예를 들어 골프 얘기로 암묵적인 합의가 이루어져 대화를 하고 있다고 해봅시다. 주제를 이어 나가기 위해 상대에게 골프 경력에 대해 물었더니 상대가 골프를 같이 친 아들 얘기를 대답에 끼워 넣고, 내가 다시 골프로 상을 받은 얘기를 물었더니 아들이 상장을 받아온 얘기가 나온다면 이때 바로 아들 얘기로 주제를 바꿔야 합니다.

물론 주제를 합의하지 않고도 대화가 자연스럽게 흘러갈 수 있습니다. 하지만 이렇게 분위기만 좋은 것만으로는 상대의 본심을 놓치는 경우가 발생할 수 있습니다.

아래로 상대와 암묵적으로 대화 주제를 합의한 상황을 한번 살펴봅시다.

> A : "주말 동안에 어디 다녀오셨나 봐요?"
> B : "응. 아들이 기숙사에서 나와서 같이 골프를 치고 왔네."
> A : "아드님 졸업식 참여하신 게 얼마 전인 것 같은데 벌써 같이 골프를 치는군요."
> B : "내가 매주 골프를 치니까 한번 따라오고 싶었던 모양이야."
> A : "골프가 워낙 중요하긴 하더라고요. 부자가 함께 치니 실

> 력이 더 좋아지시겠어요. 전 어떻게 따라가죠?"
> B : "나야 이제 점점 실력이 줄겠지. 자네야말로 실력이 많이 늘던데. 요즘 자주 연습하나?"
> A : "주말마다 나가긴 힘들어서 그냥 연습장에서 할 때가 더 많습니다. 뭐 좋은 방법 없을까요?"
> B : "아, 그렇구먼. 연습할 때 중요한 건 말이야……."

이 상황은 상대와 나의 대화 주제가 골프라는 키워드로 암묵적인 합의가 된 상태입니다. 상사는 어느새 자신의 골프 얘기에 빠져들고 있습니다. 아들, 기숙사 등의 키워드는 메인 주제가 아니지만 언젠가 상대와 하게 될 다음 대화 기회를 위해 잘 기억해 두었다가 나중에 사용하면 됩니다.

위의 대화는 주제가 잘 합의되어 대화가 매끄럽게 진행되는 상황이지만, 만약 상대가 이 대화에 다른 한 가지 주제를 두 번 연속 언급한다면 어떨까요?

> A : "주말 동안에 어디 다녀오셨나 봐요?"

B : "응. 아들이 기숙사에서 나와서 같이 골프를 치고 왔네."

A : "아드님 졸업식 참여하신 게 얼마 전인 것 같은데 벌써 같이 골프를 치는군요."

B : "응, 요즘 학교에서도 골프 수업이 있는 모양이야."

A : "골프가 워낙 중요하긴 하더라고요. 부자가 함께 치시니 실력이 더 좋아지시겠어요. 전 어떻게 따라가죠?"

B : "난 별로 더 좋아질 생각은 없지만 아들 녀석은 배워두면 좋겠지. 취업 걱정도 되고."

이번 상황에서는 골프로 주제가 합의가 될 뻔했지만 상사는 대화에서 두 번 연속 아들을 언급하고 있습니다. 이럴 때는 상대의 관심사가 골프보다 아들에 있다는 뜻이므로 바로 주제를 아들로 바꿔서 대화를 시도해야 합니다.

이 경우에는 상대가 동일한 주제를 연속으로 선택했기 때문에 다음 주제를 바로 선정해 변경하기 쉽습니다. 하지만 상대가 각기 다른 주제를 여러 번 언급한다면 그때는 어떻게 해야 할까요?

A : "주말 동안에 어디 다녀오셨나 봐요?"

B : "응. 아들이 기숙사에서 나와서 같이 골프를 치고 왔네."

A : "아드님 졸업식 참여하신 게 얼마 전인 것 같은데 벌써 같이 골프를 치는군요."

B : "응, 요즘 학교에서도 골프 수업이 있는 모양이야."

A : "골프가 워낙 중요하긴 하더라고요. 부자가 함께 치시니 실력이 더 좋아지시겠어요. 전 어떻게 따라가죠?"

B : "꾸준히 하면 금방 늘지. 술도 마시다 보면 늘지 않나. 자네 주량도 요즘 많이 는 것 같던데"

A : "아, 주량 늘어난 것처럼 골프 실력도 많이 늘면 좋겠네요."

B : "골프야 건강에도 좋고 하니까 꾸준히 해 봐. 난 이거라도 안 하면 건강이 망가질까 하는 생각에 하기도 한다네."

상대가 세 번의 대답에 모두 새로운 주제의 정보를 주고 있습니다. 이제 아들, 술, 건강이라는 새로운 키워드들이 언급되고 있지요. 이 경우에는 기존의 주제인 골프 대신 이 세 가지 새로운 키워드 중 하나를 새로 선택해 새로운 이야기를 할 시점입니다.

이렇게 상대가 제시한 새로운 키워드를 따라 새롭게 대화 주제를 변경한다면 대화의 흐름이 계속 자연스럽게 흘러갈 수 있습니다. 하지만 암묵적으로 합의된 주제나 대화 속에서 나온 새로운 키워드를 무시하고 갑자기 다른 주제를 선택하게 된다면 대화의 흐름은 부자연스럽게 끊겨버리게 되니 주의해야 합니다.

> A : "주말 동안에 어디 다녀오셨나 봐요?"
> B : "응. 아들이 기숙사에서 나와서 같이 골프를 치고 왔네."
> A : "아드님 졸업식 참여하신 게 얼마 전인 것 같은데 벌써 같이 골프를 치는군요."
> B : "응, 요즘 학교에서도 골프 수업이 있는 모양이야."
> A : "주말에 혹시 골프 말고 다른 일은 어떤 것을 하셨나요?"

이러한 주제 변경 상황은 잘못된 사례입니다. 상대가 더 말하고 싶은 이야기가 있을 텐데 그것을 막아버리는 것입니다. 질문이란 상대에게 나의 관심을 표현하고 상대의 정보를 얻을 수 있는 좋은 수단이지만 질문이라고 해서 무조건 좋은 것이 아닙니다. 상대가 말하고 싶어 하는 것을 충분히 말할 수 있도록 유도하려면 상황과 맥락을 읽어야 합니다.

새로운 키워드는 언제나 중요하다

이번에는 새로운 예문으로 한번 살펴봅시다. 책을 좋아하는 상대와 책을 주제로 삼는 걸 암묵적으로 합의한 상황에서 이어지는 대화입니다. 책에서 시작한 주제가 어떻게 바뀌어 가는지를 눈여겨보세요.

> A : "어떤 책 좋아하세요?"
> B : "저는 프랑스 여행 다녀온 기억이 너무 좋아서 프랑스 문학 번역된 책은 장르 안 가리고 다 봐요."
> A : "아, 그러셨구나. 저는 해외에 나가본 경험이 별로 없어서 프랑스에 꼭 가보고 싶어요. 프랑스 여행에서는 뭐가 제일 기억에 남아았어요?"
> B : "프랑스에서 가장 기억에 남았던 것은 역시……."

이러한 흐름으로 이어지는 대화에서 상대의 대답이 프랑스 여행이라는 주제에서 벗어나는 키워드 없이 계속 깊은 이야기로 지속된다면 대화의 주제가 새롭게 합의된 것이라고 판단해도 됩니다. 또 다른 예시로 함께 공포 영화를 보고 나온 두 사람의 대화를 봅시다.

> A : "영화 어떠셨어요?"
> B : "전 그냥 그랬어요. 원래 공포물 좋아하는데 딱히 무섭지도 않았고."
> A : "저도 오랜만에 극장에 온 건데도 딱히 몰입이 안 되더라고요. 공포물 좋아하시면 혹시 추천해 주실 만한 공포 영화 있으세요?"
> B : "괜찮은 공포물도 여러 가지가 있죠.. 국내에서 나온 공포물을 보면……."

이때 합의된 주제는 영화가 아니라 공포물입니다. "혹시 공포물 말고 다른 장르에서 추천해 줄 영화가 있나요?"라는 식으로 주제를 벗어나려는 질문을 던지면 상대의 입을 막게 됩니다. 그러니 주제에 부합하는 질문을 정확히 던져주는 기술을 익혀야 합니다.

취조하는 질문은 노력을 수포로 만든다

대화를 진행할 때 정보를 얻기 위해 많은 질문을 해야 합니다. 이때 정보를 얻는 것 자체가 목적이 되는 실수를 범해서는 안 됩니다. 상대에게 계속해서 새로운 정보를 얻기 위해 질문을 퍼붓게 되면 상대는 내 질문에 대답하기 위해 많은 노력을 기울여야 하고 결국 취조당하는 느낌을 받게 됩니다. 취조하는 듯한 질문으로 상대의 정보를 얻을 수는 있겠지만 마음을 얻지는 못하니 사실상 대화를 잘 이끌어보려는 노력은 수포로 돌아간 것이나 다름 없습니다.

정보를 수집만 하려는 사람은 이기적으로 보일 수도 있습니다. 정보를 얻으면서 동시에 상대의 마음을 닫히게 만든다면 어느 시점 이후로 상대는 대화 자체를 불편해하며 더 이상 정보를 주지 않으려 합니다. 혹은 더 나아가 나와 거리를 두려 할 수도 있지요. 그래서 정보가 어느 정도 쌓이는 때가 오면 활용을 적절히 해야 합니다.

특히 주제를 합의하는 시점에는 질문을 계속하는 것보다는 자신의 경험을 공유하고 상대가 신이 나서 다양한 정보를 알아서 주도록 만들어야 합니다. 만약 이것이 잘 되지 않고 있다면 앞에서 배운 공식들이 대화 중에 무의식적으로도 나올 수 있도록 훈련해야 합니다.

질문은 단순히 내 궁금증을 해결하기 위한 수단이 아닙니다. 궁금한 것을 물어보는 것이 아니라 정보를 모아야 합니다. 정보를 모으기 위해 상대가 많은 정보를 주도록 만들어야 하고 이를 위해서 정보를 잘 활용해야 합니다. 취조나 취재하듯이 대화하면 주변에 친밀한 사람들이 늘어날 수 없다는 걸 꼭 명심하세요.

같은 말만 하는 앵무새가 되지 않으려면

 지금까지의 과정을 거치며 한마디의 짧은 대화를 건네기 위해 고려해야 할 사항이 너무 많은 것 아닌가 하는 생각이 들지도 모르겠습니다. 하지만 지금까지 배운 공식들을 충분히 익힌다면 한국형 스몰토크를 아주 잘할 수 있을 것입니다. 상대를 파악해 그의 정보를 활용한 대화를 이어간다면 말을 잘하는 건 물론이고 상대를 편하게 해준다는 인상을 남길 것입니다.
 앞서 대화에 적합한 리액션과 최상의 대화 주제를 선택해 한층 더 입체감 있는 스몰토크를 완성시킨 것처럼 이번에는 대화에 세련된 인상을 더해줄 방법을 하나 더 소개해 보겠습니다.

경제성 있는 대화는 세련된 인상을 남긴다

자신의 생각을 전달하기 위해 구구절절 말을 늘어놓아야 하는 사람과 자신이 전달하고 싶은 말을 한마디로 끝낼 수 있는 사람이 있다면 누가 더 지적이고 세련된 사람으로 보일까요? 당연히 후자일 것입니다. 전자는 대화에서 많은 점유율을 가지고 있을 수는 있지만 수다쟁이로 인식되거나, 좋은 사람이지만 매력은 없다는 평가를 받을 가능성이 큽니다.

최고의 한마디를 담은 스몰토크를 위한 마지막 팁은 앞에서 배운 다양한 공식들을 몸에 익혀 쉽고 편하게 스몰토크를 할 수 있게 되었을 때 사용하면 좋습니다.

경제성 있는 대화는 상대와 더욱 빠르게 친밀해지게 하고 상대가 나에게서 특별한 매력을 느끼게 하는 중요한 열쇠가 됩니다. 대화의 경제성을 고려하기 시작하면 말 많은 수다쟁이에서 달변가로 발전하게 됩니다. 그저 한마디를 하는 것만으로도 영향력을 가지는 중요한 사람이 될 수 있는 것이지요. 실은 첫 번째 스몰토크 공식의 주의사항인 '정보를 줄 때 간결하게 끝낼 것'이 경제성 고려의 시작이었습니다. 그럼 이제 이 간결함에 대해 본격적으로 이야기해 보겠습니다.

같은 말을 반복하는 앵무새가 되지 마라

대화의 경제성을 만들기 위해 기억해야 할 세 가지 기술이 있습니다.

첫 번째 기술은 기존에 언급된 정보를 다시 언급하며 말을 시작하는 것을 자제하는 것입니다. 상대의 정보를 충분히 모아가며 대화를 하다 보면 몇 분 전에 얻었던 정보를 어색한 상황을 이겨내기 위해 다시 꺼내거나 새롭게 얻은 정보와 함께 써야 할 때가 있습니다. 이때 아까 정보를 얻었던 상황을 과도하게 구체적으로 다시 언급할 필요 없습니다. 상대의 말을 잘 듣고 일부러 기억해 두었다는 것을 티 내기 위해 과도하게 언급한다면 미성숙한 사람으로 보일 것입니다.

"○○ 씨가 아까 말씀하신 ○○에 의하면……."

이렇게 정보를 콕 집어 자세하게 다시 언급하는 것은 불필요한 경우가 더 많습니다. 왜냐하면 상대 입장에서는 그것이 자신의 정보라 이미 너무나 잘 아는 내용이기 때문입니다. 이를 쉽게 이해하기 위해 지난 정보를 다시 언급하는 상황이 담긴 예문을 한번 살펴보도록 하겠습니다.

> "참, 아까 프랑스 여행 다녀왔다고 하셨는데 '이건 꼭 봐야 한다' 이렇게 추천해 줄 곳 있으세요?"

대화를 하던 중에 잠시 침묵이 흘렀을 때 상대가 프랑스에 다녀왔다는 정보를 활용하려는 상황입니다. 이렇게 시작하는 것도 나쁜 선택은 아니지만 굳이 상대가 했던 말을 재차 언급할 필요 없습니다.

> "참, 프랑스에 가면 꼭 봐야 하는 추천해 주실 곳 있으세요?"

자신이 다녀온 프랑스 여행에 관심을 두고 있는 상대는 위와 같이 말해도 충분히 알아듣습니다. 굳이 하지 않아도 되는 말이라면 안 하는 것이 낫습니다. 이제 여러분은 침묵이 두려워서 말을 꺼내거나 할 말이 없어 억지로 말을 짜내야 하는 단계에서 벗어났기 때문입니다.

이번에는 상대가 가지고 있는 외적인 정보에서 대화를 시작하는 다른 상황을 살펴봅시다.

> "자기계발서 책을 들고 계신 것을 보니 자기계발에 관심이 많으신가 봐요. 하고자 하시는 일이 있으신가 본데 어떤 목표가 있으세요?"

상대가 들고 있는 책을 정보로 삼아 대화를 시작하려 하지만, 상대는 이미 책에 대해 너무나 잘 아는 상황입니다. 그러니 굳이 언급하지 않고 바로 본론으로 가는 편이 좋습니다.

> "자기계발에 관심 많으신 것 같은데 하고자 하시는 일이 있으신가 봐요. 어떤 목표가 있으세요?"

상대가 이미 알고 있는 정보를 알게 되었을 때는 가볍게 언급하는 것으로 충분합니다. 이때는 비언어적인 메시지만으로도 해당 정보가 공유될 수 있습니다.

> "(자기계발서를 보며) 하고자 하시는 일이 있으신가 봐요. 어떤 목표가 있으세요?"

이런 식으로 제외해도 괜찮은 말은 최대한 줄여서 대화가 잘 통한다면 가장 좋습니다. 센스 있는 상대라면 대화를 경제적으로 할수록 대화가 더욱 자연스럽게 이뤄지고 빠르게 더 많은 정보를 주고받으며 친밀도를 높일 수 있기 때문입니다. 하지만 상대가 대화에 집중을 못 하고 있었거나 센스가 부족한 편이라면 이 정도로 줄였을 때 추가 설명을 해줘야 하는 상황이 올 수도 있으니 상대의 센스가 어느 정도인지에 따라 정보를 어느 정도나 줄여서 말할지도 신경 써 주면 좋습니다.

같은 질문을 두 번 세 번 던지는 이유

대화의 경제성을 만드는 두 번째 기술은 이미 얻은 정보를 다시 물어보지 않는 것입니다. 물론 중요한 문제라면 가끔 다시 물어 확인해야 하는 경우도 있습니다. 하지만 매번 상대가 충분히 준 정보를 굳이 다시 물어보는 것은 상대를 지치게 만듭니다.

간혹 직장 상사처럼 상대가 나와 그저 편하지만은 않은 관계라 대화가 불편하고 할 말이 없을 때가 있습니다. 그럴 때 긴장감으로 인해 이런 실수를 하게 됩니다. 한번 상상해 보세요. 별로 친하지 않은 상사와 단둘이 점심 식사를 하는 시간이 생겼다면 스몰토크 공식을 알고 있더라도 자연스럽게 대화를 이어가는 게 쉽지 않은 상황이 올 수도 있습니다.

A : "뭐 드시겠어요?"

B : "짬짜면."

A : "짬짜면이요?"

B : "응. 짬짜면."

A : "네. 다른 거 뭐 더 드시겠어요?"

B : "다른 건 필요 없어. 아, 짬뽕에 양파 많이."

A : "양파 많이요?"

B : "응, 양파 많이."

A : "네."

이렇게 대화하면 공손해 보일 수는 있어도 상대 입장에서는 다소 귀찮게 느껴집니다. 정보가 매끄럽게 흐르지 못하고 정체되는 것이지요. 긴장하지 말고 공식을 잘 떠올리며 대화를 이어가면 해결할 수 있습니다.

> A : "뭐 드시겠어요?"
> B : "짬짜면."
> A : "네. 다른 거 뭐 더 드시겠어요?"
> B : "다른 건 필요 없어. 아, 짬뽕에 양파 많이."
> A : "네. 양파 많은 짬뽕으로 짬짜면 시킬게요."

앞선 상황에서의 대화를 개선하려면 새로운 문장에서 한번 얻은 정보를 두 번 이상 언급하지 않는 것으로도 충분합니다. 만약 상대의 말을 정리해 줄 필요가 있다면 마지막에 한 번만 정리해 두어도 됩니다.

혹시 과거에 수집해 둔 정보를 통해 상대의 취향을 미리 알고 있었다면 이를 이용해 대화를 더 매끄럽게 이어 나갈 수도 있을 것입니다.

> A : "뭐 드시겠어요?"
>
> B : "짬짜면."
>
> A : "네. 혹시 저번처럼 짬뽕에 양파 많이 넣어달라고 할까요?"
>
> B : "아, 그래. 좋네."
>
> A : "네. 바로 시킬게요."

기존에 상대를 관찰해 얻은 정보가 있는 덕분에 대화가 더 경제성 있게 흘러갈 수 있습니다. 하지만 이 방법은 대화하는 순간에 노력하는 것만으로는 이룰 수 없으니 평소에 내가 중요하게 여기는 이들을 잘 관찰해 두는 것이 좋겠습니다.

상대의 마음을 읽으면 대화는 더 간결해진다

대화의 경제성을 더해주는 마지막 기술은 상대가 어차피 할 말을 미리 언급하며 새로운 정보를 물어보는 것입니다. 어차피 해야 할 말을 물어보고 뻔한 대답을 기다렸다가 대화를 이어가는 것은 안전한 방식일 때도 있습니다. 틀에 박힌 대화를 통해 상대에게 편안함을 줄 수도 있기 때문입니다. 하지만 항상 그렇게 대화한다면 센스 없고 지루한 사람으로 여겨질 것입니다.

상대가 결국 하게 될 말을 내가 먼저 언급하거나 혹은 질문하기 전에 이미 했다고 가정한 채 말을 하면 정보 교환이 빠르게 이뤄질 수 있습니다. 다만 상대의 생각을 억측하거나 과도하게 넘겨짚다가 상대의 실제 상황과 다른 방향으로 가정한 채 이야기하면 대화를 단절시키게 됩니다.

이는 평소 상사에 대한 관찰을 통해 얻은 정보로 대화를 단축시킨 이전의 대화처럼, 상대의 정보를 잘 알아둘 필요가 있습니다. 아래의 예시 상황은 전날 야근한 동료 직원과의 대화입니다.

A : "어제 몇 시에 집에 가셨어요??"
B : "저 늦게 집에 들어갔어요."
A : "안 피곤하세요?"
B : "당연히 피곤하지요."

늦게 들어간 것과 피곤한 것은 말하지 않아도 알 수 있는 사실들이었습니다. 위의 대화가 이루어지는 동안 대화를 통해 서로 주고받은 정보는 이미 기존에 알고 있던 것밖에 없습니다. 하지만 상대가 할 말을 미리 예측할 수 있다면 더 빠르게 정보를 주고받을 수 있습니다.

> A : "어제 몇 시에 집에 가셨어요??"
> B : "저 늦게 집에 들어갔어요."
> A : "많이 피곤하실 텐데 혹시 도와드릴 일 있으면 말씀해 주세요."

만약 상대가 '늦게'라는 말을 강조했다면 자신이 피곤한 것을 알아달라는 신호로 볼 수 있습니다. 이럴 때는 상대가 피곤할 것이라는 사실을 가정하고 다음 말을 해도 충분합니다. 오히려 대화가 더 매끄럽게 이어지게 되지요.

> A : "어제 몇 시에 집에 가셨어요??"
> B : "저 늦게 집에 들어갔어요."

> A : "(어제 늦게 들어가셔서) 많이 피곤하실 텐데 혹시 도와드릴 일 있으면 말씀해 주세요."

피곤해하는 모습을 보며 상대가 늦게 퇴근한 것을 유추하고, 이와 더불어 상대가 피곤한 것도 알 수 있다면 걱정하는 눈빛을 건네며 이렇게 말하는 것으로 충분합니다. 짧은 시간에 더 많은 이야기를 나눌 수 있고 상대는 자신에 대해 잘 알아준다고 생각할 것입니다.

경제적인 대화는 더 많은 정보를 전달한다

마지막으로 총체적 난국인 대화 상황을 예문으로 보시겠습니다. 점심시간이 끝나갈 무렵 마주친 타 부서 직원과의 대화 상황입니다.

> A : "점심 드셨어요?"

> B : "아, 네. 점심 드셨어요?"
>
> A : "네. 뭐 드셨어요?"
>
> B : "아, 전 이 앞에서 김치찌개 먹었어요. 뭐 드셨어요?"
>
> A : "아, 전 쌀국수 먹었어요. 김치찌개는 어땠어요?"
>
> B : "괜찮았어요. 쌀국수는 어땠어요?"
>
> A : "너무 별로였어요."

이렇게 나와 상대 모두 대화의 경제성을 고려하지 않는다면 두 사람 모두 대화를 통해 아무런 소득도 얻을 수 없습니다. 참 답답한 상황이지만 실제로는 많이 연출되는 대화 상황이지요. 점심시간이 끝난 후 마주친 동료와 대화를 나누는 일은 자주 생기지만 그 짧은 시간에 대화가 얼마나 더 깊어질 수 있을지 의구심이 들 수도 있습니다. 하지만 두 사람 모두 아래와 같이 경제성을 고려하는 대화를 한다면 상황은 완벽하게 개선될 수 있습니다.

> A : "(눈인사와 함께 점심을 먹은 것을 유추하며) 점심시간 정말

> 빨리 지나갔네요. 점심 맛있는 거 드셨어요?"
>
> B : "아, 전 이 앞에서 김치찌개 먹었는데 맛있더라고요. 뭐 드셨어요?"
>
> A : "그 김치찌개 집 참 맛있죠. 저도 평소에는 그 집에서 김치찌개 자주 먹는데 오늘은 모험한답시고 새로 오픈한 쌀국수 집에 갔다가 실패했어요. 이제 모험은 안 해야겠어요. 혹시 김치찌개 집 말고 추천해 주실 곳 또 있으세요?"
>
> B : "저도 모험을 즐기지 않는 편이라 아는 곳이 많지는 않은데 그래도 괜찮은 집이 몇 군데 있어요."

앞선 총체적 난국의 대화는 서로 세 번 이상 말을 주고받았지만 서로 점심에 먹은 메뉴에 대한 정보 외에는 아무것도 얻지 못했습니다. 하지만 개선된 상황에서는 두 사람이 단 두 번 말을 주고받는 과정에서 수많은 정보를 서로 공유하게 되었습니다. 적은 시도로 더 깊은 정보에 이르는 합리적인 대화가 된 것입니다.

무슨 얘기를 꺼내야 할지 모르겠다면
이것만 외워보세요

　이 세상의 거의 모든 것들은 스몰토크의 소재로 쓰일 수 있습니다. 그래서 오히려 무엇을 골라야 할지 몰라 어렵기도 합니다. 스몰토크에 익숙하지 않을 때나 순간적으로 할 말이 떠오르지 않을 때 혹은 미리 스몰토크를 준비해 두고 싶을 때를 위해 언제 어디에든 활용 가능한 몇 가지 소재를 미리 기억해 두는 것이 좋습니다.

　스몰토크의 소재는 무수히 많지만 크게 두 가지로 나눌 수 있습니다. 하나는 외부에서 관찰할 수 있어 비교적 쉽게 선택할 수 있는 외적 소재, 다른 하나는 외관상 확인이 불가능하지만 이미 알고 있거나 유추해 알아낼 수 있는 내적 소재입니다.

외부에서 발견할 수 있는 스몰토크 소재

외적인 소재는 말 그대로 외관상 확인이 가능한 소재입니다. 흔히 "오늘 날씨가 참 좋네요"라고 날씨를 언급하며 스몰토크를 하듯 관찰을 통해 알 수 있는 정보를 활용하는 것이지요. 이러한 외부 소재는 공통적인 주제, 상대에 대한 주제, 나에 대한 주제로 다시 한번 세 가지로 세분화해 나눌 수 있습니다.

① 공통 소재

공통 소재란 상대와 자신 모두 이미 알고 있거나 눈으로 확인이 가능한 소재입니다. 그래서 가장 흔하게 쓰이는 스몰토크 소재이기도 합니다. 예를 들어 월드컵이나 올림픽과 같이 대부분의 국민들이 알고 있는 이벤트는 좋은 스몰토크 소재가 됩니다. 하지만 이는 특별한 이벤트가 발생해 모르기가 어려운 경우이고, 일반적으로 공통 소재는 주변 일에 관심을 가지거나 관찰하려는 노력을 기울여야 얻을 수 있는 소재들이 많습니다.

국가적 관심사나 집단 내의 이슈
- "새벽에 잠을 깨어있었더니 피곤하네요. 어제 한국 시합 보셨어요?"
- "주식 시장이 많이 안 좋다더니 맛집이라는 이곳도 손님이 적네요. 요즘 경기가 안 좋긴 안 좋은가 봐요."
- "이번에 영업 2팀에 새로운 팀장이 온다고 하던데 들었어요?"

공휴일 등 이벤트가 있는 날
- "이번 추석에 장거리 운전할 생각하니까 두렵네요. 혹시 추석 때 계획 있으세요?"
- "태극기 걸어야 하는데 꼭 필요할 땐 못 찾겠더라고요."
- "다음 주가 창립 기념일이죠? 공짜 휴가 받는 기분이겠어요."

배경 음악이나 인테리어
- "제가 클래식은 몇 곡 모르지만 여기 음악 참 좋네요. 저도 나중에 매장에 이런 음악을 틀어야겠어요."

- "여기 인테리어는 정말 효율적이네요. 집에서도 비슷하게 해볼 아이디어를 좀 얻은 것 같아요."

날씨
- "오늘 갑자기 추워졌네요. 한겨울보다 이런 날이 더 춥게 느껴지는 것 같아요."
- "오늘 하늘 보셨어요? 정말 푸르더라고요. 어딜 가도 기분이 좋아질 것 같은 날씨예요."

절기
- "어제가 입춘이었다는데 요즘 입춘이라고 써 붙이는 집은 없어서 이제야 알았네요. 이제 날이 좀 풀리려나요?" * 입춘은 보통 여전히 춥습니다.
- "오늘이 대동강 물도 녹는다는 우수라네요. 이제 빙판길 걱정은 좀 안 해도 되면 좋겠어요."
- "며칠 전이 경칩이라고 이제 따뜻할 줄 알았는데 아직도 영하네요. 아직 코트를 입었어야 했나 봐요."

- "오늘 하지라더니 야근을 해도 한 것 같지가 않네요. 정말 해가 기네요."
- "다음 주가 소서라는데 이제 더위 시작이네요. 여름 계획은 좀 세우셨어요?"
- "내일이 대서라니까 이제 큰 고비 넘기겠어요. 이 여름이 좀 빨리 가야 할 텐데."
- "입추라는 단어는 참 시원한데 날씨는 여전히 찜통이네요." *보통 이 다음 절기인 처서부터 시원한 날씨가 됩니다.
- "내일이 밤 기온 떨어진다는 백로라네요. 기온 차 심해질 것 같으니 감기 조심하세요."
- "어제 대설이라고 해서 스노타이어도 준비하고 옷도 완전무장을 했는데 햇빛이 눈부시더라고요."
- "이제 모레 소한만 지나면 올 추위는 좀 줄어들겠죠? 올겨울은 참 춥네요." *보통 소한이 다음 절기인 대한보다 춥습니다.

절기는 대단히 유용한 소재이기 때문에 특별히 예문을 많이 담아 두었습니다. 특히 비즈니스 관계나 행사의 사회 등 공적인 자리에서 지적인 모습을 보일 수 있다는 장점이 있고 사적인 관계에서도 공통의 작은 대화거리를 만들기 좋습니다.

스몰토크를 하기 전에 해당 날짜와 가까운 절기를 찾아보고 특성을 기억해 두시면 큰 도움이 될 것입니다. 이외에도 절기를 훑어보시면 그 시기에 맞는 스몰토크로 사용하기 좋은 소재를 찾을 수 있습니다. 절기에 대해서는 전체적으로 숙지해 두시고 그때그때 찾아가며 스몰토크를 준비해 보시기 바랍니다.

② 상대에 대한 소재

상대의 외적인 소재는 눈에 가장 잘 띄는 것이지만 그런 만큼 조심해야 하는 부분도 있습니다. 특히 외모나 태도 중에 눈에 띄는 부분이 있어서 냉큼 소재로 삼았다가 자칫 의도치 않게 상대의 콤플렉스를 건드리는 일을 만들 수도 있습니다. 또한 상대가 이미 너무 잘 알고 있어서 진부한 소재가 될 수도 있겠지요.

그래서 눈에 띄는 상대의 소재는 정보로 저장해 두었다가 언젠가 상대의 입장을 듣거나 친밀도가 올라가 상대의 내면을 알게 된 후 다른 정보와 합쳐 입체적으로 활용하는 것이 안전합니다. 단, 외적인 부분에서 변화를 발견했다면 그것은 콤플렉스일 가능성이 적으니 언제든 언급해도 됩니다.

외모
- "많이 피곤해 보이네. 요새 프로젝트가 힘든가 봐."
- "요즘 운동해? 난 매번 시작하려다 실패하는데 엄청 효과 좋은 운동하나 보다."

소품
- "구두 멋지네. 옷이랑 잘 어울린다. 난 어떻게 그런 센스를 키우지?"
- "(상대 스마트폰 케이스가 클림트의 그림인 것을 보고) 클림트 좋아하시나 봐요? 케이스가 정말 멋있네요."

태도나 행동
- "오늘 평소보다 활기차 보이네. 아침에 좋은 일 있었어?"
- "글씨는 왼손으로 쓰시는군요. 저도 평소엔 오른손잡이지만 가위질할 때만 왼손을 쓰는데 반갑네요."
- "커피를 많이 좋아하시나 봐요. 저는 좋아하긴 하는데 밤에 잠이 안 올까 봐 많이 못 마셔요."

③ 나에 대한 소재

이번엔 나를 소재로 사용하는 경우입니다. 나와 관련된 소재를 사용한 대화는 언제 하는 것이 좋을까요? 나에 대한 소재는 상대와 나와의 공통 소재를 찾지 못한 상황에서 상대가 내향적이라 상대의 대답을 기대하지 않아도 되는 말을 던지고 싶을 때 자연스럽게 스몰토크를 시도할 수 있어 유용합니다. 상대가 관심을 가져준다면 좋겠지만 만일 상대의 관심을 받지 못한다면 혼자 자연스럽게 대화를 이어 나가며 상대가 관심을 가질 만한 소재를 다시 찾아야 합니다.

외모
- "요즘 자꾸 살이 쪄서 고민이야. 넌 항상 건강 관리를 잘하는 것 같아. 요령이 있나?"
- "이제 나도 삼십 대라는 생각에 마지막으로 염색 한번 해봤어. 웃겨도 조금만 웃어줘."

소품
- "이 팔찌 알아? ○○○이라는 의미를 가진 건데 나도 동참하

고 싶어서 하나 구했어." * 만약 이것이 정치적이거나 종교적 의미를 가진 것이라면 말하지 않는 것이 나을 때도 있습니다.

상대와의 스몰토크 주제를 찾기 어려울 때는 앞서 소개한 다양한 외적 소재들을 참고해 보면 좋습니다. 하지만 스몰토크를 나누는 것에 익숙해져 자신감이 커지만 제시한 것들 외에도 거의 모든 것들을 외적 소재로 활용해 대화할 수 있다는 것을 알게 될 것입니다.

물론 이 수준까지 올랐을 때 자신감에 차 선택하지 말아야 할 주제를 선택하지 않도록 주의할 필요도 있습니다. 상대의 콤플렉스나 정치, 종교 혹은 말하기 싫은 개인사 등 대화의 금기를 건드리게 되는 소개는 피하는 노력이 필요합니다.

내부에서 발견할 수 있는 스몰토크 소재

내적인 소재는 겉으로 확인이 불가능하지만 이미 공유되어 알고 있거나 유추해서 알 수 있는 소재입니다. 외적인 소재에 비해 쉽게 알아내기는 힘들지만 친밀한 관계에서는 오히려 내적인 소재가 훨씬 중요하고 많이 쓰여야 합니다. 왜냐하면 외적인 소재는 진부해질 수 있지만 내적인 소재는 둘만의 소재를 담고 있거나 특별할 수 있기 때문입니다. 하지만 관계가 가까워지기 전에 섣불리 내적인 소재를 활용하면 무례한 사람이 될 수 있습니다.

내적인 소재는 두 사람과의 관계와 대화 중에 나오는 정보를 통해 많이 얻을 수 있습니다. 그래서 미리 범용성 있는 대화를 준비하는 것이 외적인 소재에 비해 다소 어렵습니다. 따라서 아래 예시들을 참고한 후 대화 중에 상대에 대해 기억하고 수집된 정보를 계속 기억하려고 애써야 합니다.

① 공통 소재

내적인 소재 중 상대와 나에게 공통으로 적용되는 것에는 함께 경험한 기억이나 공공연한 뒷담화 등이 있습니다. 공통 경험은 단지 이 소재만 가지고 스몰토크를 하면 다소 뜬금없을 수 있으니 새로운 정보와 결합하여 사용하는 것이 좋습니다. 예를 들어 다음과 같습니다.

공통 경험

- "작년에 속초 갔을 때보다 오늘이 더 더운 것 같네. 올해도 한번 애들이랑 여행 가야지?"
- "저번에 본 영화 속편 나왔던데 같이 보러 갈래?"

반면에 뒷담화는 금기 소재입니다. 하지만 어떤 소재보다 친밀감을 빠르게 올릴 수 있는 것이기도 합니다. 그래서 많은 사람들이 이것을 소재로 사용하곤 합니다. 하지만 이런 부정적인 대화는 결국 자신에게 화살이 되어 돌아올 수 있습니다. 좋은 이미지를 만들고 좋은 평판을 만들어 두는 것이 당장 얻을 친밀감보다 더 좋을 수 있습니다.

만약 이미 충분히 공유되어 있는 공공연한 뒷담화이거나 나 자신과 큰 상관이 없는 대상에 대한 이야기라면 소재로 쓸 수 있는 경우도 있습니다. 예를 들어 배우자가 자신의 동창 얘기를 하는 정도라면 나와 직접 관계가 있는 인물이 아니기 때문에 맞장구치는 정도는 괜찮을 수도 있겠지요.

그럼에도 불구하고 굳이 뒷담화를 소재로 선정할 필요는 전혀 없습니다. 소재는 항상 널려있습니다. 만약 어떤 공통의 소재를 사용할지 선택하기 어려울 정도로 상대에 대한 정보가 부족하다면 앞서 배운 스몰토크 공식으로 상대의 정보를 모으는 훈련을 더 해보시기 바랍니다.

② 상대에 대한 소재

상대에 대한 것 중 내적인 소재로 삼을 수 있는 것은 상대가 최근 겪은 일이나 생각, 불만이나 입장 등이 있습니다. 상대의 내적인 소재를 이용하는 경우에는 상대의 상황과 소재가 잘 맞아야 합니다. 상대가 긍정적인 상황이고 소재도 긍정적인 것이라면 아주 좋습니다.

칭찬
- "이번에 참여하신 프로젝트가 대박이라면서요? 정말 축하드려요."
- "매번 발표 정말 잘하던데 그렇게 떨지 않는 비결이 뭐야?"

반면에 상대가 현재 우울하거나 좌절감을 느끼는 등 부정적인 상태라면 과하게 긍정적인 소재나 상대의 상황에 공감하지 않는 부정적인 소재는 피해야 합니다. 이런 상황에서는 아예 스몰토크를 시도하지 않는 것이 좋을 수도 있습니다.

대화를 시도할 때는 항상 상황 파악을 잘해야 합니다. 상대의 내적인 것을 모를 때 예측해서 소재로 쓸 수도 있지만 열린 질문과 스몰토크 공식으로 정보를 얻어가며 소재를 쌓는 것이 좋습니다.

③ 나에 대한 소재

나에 대한 내적인 소재는 상대가 자신을 드러내지 않아 내가 먼저 정보를 줘야 할 때 사용하면 좋습니다. 나의 외적인 소재와 비슷한 활용방법이지만 나의 생각이나 속마음을 말하는 것이니 더 많이 자신을 개방하는 효과가 있습니다. 물론 상대의 생각과 입장이 다르다면 상대가 대화를 불편해할 수도 있으니 주의할 필요가 있습니다. 특히 불만 표출과 같은 부정적 소재는 상대의 생각을 들은 후에 해도 늦지 않습니다.

이것만은 피하자

스몰토크의 소재를 고르는 기준은 자신의 궁금증을 해소하기 위한 목적이 되어서는 안 됩니다. 정보를 수집하고 상대와 공감을 하여 신뢰를 쌓는다는 목적을 이룰 수 있는지가 기준이 되어야 하죠. 따라서 상대가 불편해할 만한 소재는 언급하지 않아야 합니다. 상대가 더 이상 정보를 줄 마음이 사라지고 신뢰도 깨질 것이기 때문입니다.

물론 궁금하지도 않은 것을 물어보며 대화를 이어 나가기 위해 억지로 묻고 있다는 티를 내는 것도 같은 이유로 금물입니다. 이런 기준에 따라 소재를 선정할 때 피해야 하는 것들이 크게 세 가지가 있습니다.

첫 번째로는 정치나 종교와 같이 정해진 입장이 있고 상대가 반대 진영일 수 있는 소재입니다. 상대와 같은 입장이고 상대가 말하고 싶어 한다면 얘기할 수도 있지만 나중에 다른 사람들과 섞여 대화할 때 다소 불편한 상황이 있을 수도 있기 때문에 굳이 언급하지 않는 것이 좋습니다.

두 번째는 불행한 기억이거나 부끄러운 부분이 있어서 드러내고 싶지 않은 과거의 경험이나 가정사입니다. 상대에게 폭넓은 질문을 하고 상대가 언급하는 정보들을 파악해 보면 상대가 그것을 이야기하고 싶어 하는지 아닌지 알 수 있습니다. 가정은 개인마다 다르기 때문에 나에게는 당연한 문화가 상대에게는 아닐 수 있습니다. 결혼 여부나 자녀의 유무, 가족의 생존 여부

등은 상대가 알아서 말하기 전에 먼저 묻거나 그것을 소재로 스몰토크를 하지 않는 것이 좋습니다.

마지막으로 가장 기피해야 하는 주제는 자신의 인격을 드러내 상대를 멀어지게 만들 수 있는 타인 험담입니다. 이는 앞에서 뒷담화로 말씀을 드렸습니다. 남이 하는 뒷담화도 가능하면 같이 이야기하지 않는 것이 좋은데, 내가 먼저 스몰토크의 소재로 쓴다는 것은 매우 안 좋은 선택이겠지요.

대화가 무서운 사람을 위한 실전 시뮬레이션

　스몰토크를 잘하기 위해 앞서 배운 네 가지 스몰토크 공식과 추가적인 대화 법칙들이 완전히 익숙해지도록 연습하고 훈련하는 것이 좋습니다. 앞서 스몰토크 공식을 연습해 보는 과정을 거쳤지만 이번에는 공식을 익히는 게 아닌 실전 대화 훈련법을 소개해 보려고 합니다.

　어떤 것을 배울 때 크게 두 가지의 훈련이 필요합니다. 하나는 지식을 쌓고 생각하는 것을 바탕으로 하는 사고 훈련이고 다른 하나는 실행과 그에 따른 경험을 바탕으로 하는 감각 훈련입니다. 이 중에서 어느 것 하나에만 치우쳐 훈련하면 좋은 결과를 얻을 수 없습니다. 사고 훈련만 한다면 혼자만의 세계에 빠져 지식을 실질적으로 적용할 수 없거나 의미 없는 지식만 쌓고 있을 가능성이 있습니다. 반대로 감각 훈련만 한다면 경험을 통해 얻은 지식이 맞는 것인지 그리고 잘했더라도 그 이유를 알지 못하는 경우가 생겨 옳지 못한 방향으로 성장하거나 아주 더디게 발전하게 될 수 있습니다. 그래서 두 가지 훈련을 꾸준히 병행해야 합니다.

특히 스몰토크와 같은 커뮤니케이션은 자신과 상대, 그리고 상대가 보는 자신이라는 세 가지 관점으로 인해 다양한 변수가 생깁니다. 생각 없이 감각 훈련만 하면 타인의 관점에서 자신을 객관적으로 보기 힘들고 상대의 관점을 이해하지 못해 특정 그룹에게만 환영받는 스몰토크를 하게 됩니다. 반대로 사고 훈련만 하면 다양한 상황에 대처할 수 없고 그로 인해 실수를 저지르게 될 가능성이 큽니다.

스몰토크 기술을 익히는 훈련법은 '준비, 실행, 복기'의 세 단계로 이루어져 있습니다. 준비 단계에서 사고 훈련을 하고 실행 단계에서는 사고 훈련에서 시뮬레이션한 내용을 바탕으로 감각 훈련을 합니다. 복기 단계는 준비 단계에서 사고 훈련을 할 수 있도록 실행 단계의 감각 훈련 결과를 사고화하는 작업을 합니다. 세 가지 단계는 모두 연결되어 있습니다. 실행과 준비는 닭과 달걀처럼 어떤 것이 먼저라고 할 수 없고 따로 떼놓고 훈련해서도 안 됩니다. 단계별로 자세히 알아보겠습니다.

대화 상황을 시뮬레이션해 보자

준비 단계는 사고 훈련의 시작으로서 예측과 시뮬레이션을 하는 단계입니다. 먼저 예측은 스몰토크를 시도해야 하는 상황 이전에 그 상황을 예측해 보는 것입니다. 출근을 하여 다른 직원들을 만나는 상황, 학교에서 교수님이나 다른 학생들을 만나는 상황, 모임에서 사람들을 만나는 상황 등 일어날 상황들에 대해 미리 예측해 두는 것입니다. 특히 중요한 대화가 벌어질 상황들을 미리 예측해 두면 많은 도움이 됩니다.

예측에서 중요한 조건은 경험입니다. 경험이 전혀 없이 예측만 한다면 단지 상상에 머물게 됩니다. 실제 스몰토크에 도움이 되는 예측을 하려면 실행 경험과 그것을 복기하는 훈련이 필요합니다. 준비, 실행, 복기 과정이 반복될수록 예측이 더 정확해지고 유용해질 것입니다. 그래서 예측한 상황을 일부러 만드는 것도 필요합니다. 만약 모든 것이 처음이라면 관찰하는 자세로 실행하여 상황을 이해하고 파악하는 기간을 가져야 합니다.

그다음은 시뮬레이션입니다. 이는 예측보다 더 적극적인 활동입니다. 어떤 상황이 벌어질지 예측하는 데서 그치는 것이 아니라 생각으로 미리 경험하는 것입니다. 이를 위해서는 복기 단계에서 보정한 문장들을 이용해 예측한 상황을 상상하며 마음속으로 대화를 해봐야 합니다. 예측한 상황에서 준비된 스몰토크를 쓰는 모습을 선명하게 떠올릴수록 유사한 상황이 닥쳤을 때 성공할 수 있습니다. 미리 경험하여 상황을 친숙하게 만드는 것입니다.

이때 한 가지 이상의 중요한 문장은 입 밖으로 소리 내며 자연스러워질 때까지 연습해 보는 것이 좋습니다. 실행 단계에서 스몰토크를 할 때 머릿속으로만 연습한 말을 하거나 즉흥적으로 말하는 것보다 더 자연스럽게 말할 수 있을 것입니다. 이처럼 미리 상황을 예측하고 대화에서 쓰일 문장들을 준비해 두면 처음에는 생각할 것이 많아져서 오히려 힘들게 느껴지지만 몇 번만 경험해 보면 자연스럽게 쓸 수 있는 문장들이 늘어나면 자신감이 붙게 됩니다.

이처럼 상황을 예측하여 불확실함을 줄이고 시뮬레이션으로 상황을 미리 친숙하게 만들어 자신의 스몰토크가 자연스럽게 나올 수 있도록 준비할 수 있습니다. 이는 불안을 줄여주고 실수를 예방하여 성공을 경험할 확률을 높입니다.

성공적인 대화 경험을 쌓아라

준비가 가장 첫 단계라고 생각할 수 있지만 아무것도 실행해 보지 않고 준비하는 것은 한계가 있습니다. 실제로 경험을 해봐야 준비도 제대로 할 수 있습니다. 물론 실행, 보정, 준비의 세 단계는 서로 꼬리를 물고 이어져 있습니다. 실행 단계는 말 그대로 스몰토크를 실행하는 감각 훈련 단계입니다. 이를 위해 상황에 맞도록 실행해야 합니다. 준비 단계에서는 준비한 문장을 어떤 상황에 쓸 것인가 선택해야 합니다. 실행이 경험이 많지 않다면 후유증이 남지 않을 곳에서 시도해야 합니다. 실수하여 오해가 쌓여도 큰 문제가 없을 모임과 같은 곳이나 아예 화술을 주제로 하는 모임 등이 좋습니다.

실행 단계에서 해야 할 가장 중요한 일은 성공의 경험을 쌓는 것입니다. 여기서 성공이라는 것은 달변가가 되거나 상대를 압도하는 언변을 뽐내는 것이 절대 아닙니다. 준비 단계에서 시뮬레이션해 본 단 하나의 문장이라도 실제로 누군가에게 입 밖으로 내보는 것이 성공입니다. 준비하지 않은 스몰토크까지 즉흥적으로 잘했다면 아주 훌륭한 일이지만 그것을 못 했어도 괜찮습니다. 못한 것이 있다면 나중에 추가해서 준비하면 됩니다. 준비한 것을 단 하나라도 말하는 데 성공했다면 그것으로 계속 나아갈 수 있습니다.

실행 단계에서는 자료를 모으는 일도 중요합니다. 준비하지 않은 대화가 오갔던 내용이나 부족했던 대화는 다음 대화를 위한 준비 자료가 됩니다. 그래서 대화가 좀 부족했어도 절대 실패가 아닙니다. 준비한 것을 했고 자료를 모은 성공의 결과입니다.

끝난 대화도 다시 돌아보자

복기라는 말은 바둑에서 한 번 두고 난 판을 분석하기 위해 다시 놓아 보는 것을 의미합니다. 스몰토크의 감각과 사고를 훈련하기 위해서는 이와 같이 자신의 대화를 다시 떠올려 분석해야 합니다. 복기 단계는 대화를 다시 떠올려보는 복기와 그것을 보정하여 준비 단계에서 시뮬레이션해 볼 대사를 준비하는 보정으로 구성됩니다.

먼저 복기 작업입니다. 하루 중 가장 중요한 대화 혹은 더 잘했어야 하는 대화 상황을 한 가지 떠올려보세요. 이때 대화의 일부만 떠올려도 되지만 상대의 대사까지 가능한 선명하게 떠올리도록 애써야 합니다. 오고 간 대화를 떠올려 가장 중요한 부분이라고 생각되는 대화 부분을 다섯 문장 이상 열 문장 이하로 적어봅니다. 이 대화 노트 작성법에 대해서는 뒤에서 자세히 다루겠습니다. 대화를 적은 후 속으로 한번 읽어보면 실제 대화가 더욱 잘 기억이 날 것입니다. 대화의 복기는 매일 해야 합니다. 하루만 지나도 대화의 대부분은 제대로 기억나지 않습니다.

그다음은 보정 작업입니다. 보정은 부족한 부분을 보태 바르게 만든다는 뜻입니다. 내가 잘못하고 실패한 것을 후회하는 과정이 아니라는 뜻이지요. 실행 단계의 자료를 정리하고 다음에 더 준비할 것을 찾는 것입니다. 복기한 대화를 공식에 맞춰 분석한 후 공식에 따라 대화했다면 어떻게 바뀌었을지 다시 대화를 재구성해 보면 됩니다.

공식에 따라 대화를 재구성해 볼 때 상대의 대사도 일부는 예측하여 채워봅니다. 재구성한 대화 전체를 외울 필요는 없습니다. 재구성한 대화에서 원래 대화와 차이가 발생하는 자신의 문장을 찾습니다. 그 문장이 대화의 흐름을 바꿀 수 있는 포인트 문장입니다. 포인트 문장은 소리 내어 읽어본 후 다시 준비 단계로 넘겨둡니다. 비슷한 상황이 닥쳤을 때 이 문장을 쓰는 것으로 실행 단계에서 성공을 경험할 수 있습니다.

지식은 우리를 배신하지 않는다

　복기 단계를 마치면 다시 준비 단계로 돌아옵니다. 상황을 예측하고 시뮬레이션하며 포인트 문장을 어떻게 적용할지 생각하고 자연스럽게 말하도록 연습합니다. 이 훈련 단계들을 반복하면 스몰토크 공식들이 자연스럽게 체득될 것입니다.

　처음의 준비 단계에서 언급하지 않은 준비 활동이 한 가지 더 있습니다. 바로 지식의 축적입니다. 여러분이 현재 이 책을 읽고 성공적인 대화법을 배우는 것뿐 아니라 복기 단계의 대화 복기 내용을 확인하고 그에 대해 고민하는 것도 포함됩니다. 지식은 충분한 양이 쌓이기 전까지는 별 차이가 없는 것 같다가 일정한 양이 쌓이면 갑자기 지식이 폭발하며 한 단계 높은 레벨로 올라가는 특성이 있습니다. 완만한 곡선 모양으로 증가하는 것이 아니라 계단식으로 증가하는 것이지요.

　그래서 발전이 없는 것 같다는 이유로 지식 쌓기를 포기하는 사람들이 있습니다. 하지만 쿠폰을 여러 장 모으면 새로운 서비스를 받는 것처럼 지식의 폭발은 분명히 옵니다. 이때 서비스에 따라 쿠폰을 모아야 하는 장수도 다르고 무엇을 했느냐에 따라 받는 쿠폰의 양도 다릅니다. 이처럼 지식의 폭발이 언제 오는지는 확실히 알 수 없습니다. 하지만 여러분의 지식 쿠폰이 새로운 서비스를 받기까지 딱 한 장 남았다고 생각하면 포기하는 것이 너무 안타까운 일이겠지요.

완벽한 커뮤니케이션 능력을 만들어줄 대화 노트 작성법

대화 노트를 쓰는 목적은 대화를 복기하고 스몰토크 공식에 맞춰 보정하기 위함입니다. 이렇게 자신의 대화를 직접 써서 보면 객관적으로 분석해 볼 수 있습니다. 대화 노트에는 두 가지 대화를 적어야 합니다. 하나는 실제로 겪은 복기 대화이고 다른 하나는 그 대화를 스몰토크 공식에 따라 보정한 가상의 보정 대화입니다.

① 복기 대화 쓰기

복기 대화는 그날의 가장 중요했던 대화 혹은 공식에 맞추지 못해서 흐름이 좋지 못했던 대화로 선정합니다. 자신과 상대가 말한 문장을 합쳐서 다섯 문장 이상 열 문장 이하로 정리합니다. 처음에 스몰토크에 익숙해지기 위해서는 하루에 최소 한 번 이상 쓰는 것이 좋습니다. 스몰토크에 익숙해진 다음에는 매일 쓰는 대신, 보정이 필요한 대화를 했을 때만 적어도 됩니다.

처음에 복기 대화를 쓰려고 하면 어떻게 써야 할지 막막할 수 있습니다. 그날의 대화도 잘 생각나지 않아서 아무것도 못 쓰겠는 때가 있습니다. 그래서 처음에는 대화 노트를 쓰기 위한 모임을 가져보는 것이 좋습니다. 참여자들의 동의하에 대화를 녹음해 보거나 다른 사람들의 대화를 키워드 위주로 적으며 들어보는 것입니다. 이후 실제 대화를 복기할 때는 스몰토크 두 번째 공식처럼 그룹화된 정보를 먼저 떠올린 후 대화를 생각하면 됩니다. 만약 그래도 떠오르지 않을 때는 상대의 표정과 대화를 나누었던 장소, 복기하려는 대화의 전후 상황 등을 떠올려보면 대화가 떠오를 것입니다. 아무리 해도 떠오르지 않는다면 포기하고 다음에 대화할 때 대화 노트에 쓸 내용을 기억하기 위해 노력해서 지나간 대화가 떠오르지 않는 일을 줄여야 합니다.

② 보정 대화 쓰기

보정 대화는 복기 대화를 공식에 맞춰 바꾸는 것입니다. 복기 대화는 보정 대화와 거의 비슷하거나 조금 많은 분량으로 작성하면 됩니다. 따라서 노트를 쓸 때 좌측에는 복기 대화 우측에는 보정 대화를 쓰면 한눈에 비교가 될 수 있습니다.

보정을 할 때 자신의 첫 문장부터 바꾸는 것보다 상대의 문장 이후로 이어진 자신의 문장 혹은 그다음 문장을 바꾸는 것이 좋습니다. 이때 처음으로 보정하는 문장은 대화의 흐름을 바꿀 수 있는 포인트 문장이 됩니다. 이 포인트 문장을 그 전 상대의 말을 분석하여 공식에 맞도록 수정합니다. 대화 노트에서 자신이 말한 문장 중 두 번째나 세 번째 것이 이와 같은 포인트 문장일 가능성이 큽니다. 바뀐 포인트 문장을 기준으로 상대의 반응을 예측하여 이후 대화를 작성해 봅니다.

이 예측은 경험이 쌓일수록 정확도가 높아집니다. 보정 대화 작성이 끝났다면 포인트 문장에 표시를 하고 자연스럽게 말할 수 있도록 그 문장을 반복해서 읽어둡니다. 그리고 다시 준비 단계로 돌아가 포인트 문장을 어떤 상황에서 써볼지 예측해 보고 시뮬레이션해 봅니다.

앞서 설명한 대로 복기 대화와 보정 대화의 예시를 보여드리겠습니다.

> **복기 대화**
>
> B : 어떻게 오셨어요?
>
> A : 차로 왔어요.

B : 혹시 취미 있으세요?

A : 아, 전 드라이브를 가끔 즐겨요. 혹시 차 있으세요?

B : 네. 그리고 저도 드라이브 좋아해요.

A : 그럼 추천해 주실 만한 드라이브 코스 있으세요?

보정 대화

B : 어떻게 오셨어요?

A : 차로 왔는데 제 운전이 서툴러서인지 길이 너무 밀리더라고요.

B : 맞아요. 오늘 차 너무 밀리더라고요.

A : 전 그래서 안 막히는 길로 드라이브 하는 게 취미예요.

B : 오, 저도 드라이브 좋아해요.

A : 새로운 드라이브 코스 찾고 있는데 혹시 추천해 주실 만한 코스 있으세요?

하단에 간단한 메모를 추가하면서 포인트 문장을 다른 스타일로 만들어 보고 상황에 따라 꺼내 써보시기 바랍니다.

이제는 실전 훈련이다

일상생활을 하며 훈련을 시작할 때 대화 연습을 너무 어렵게 생각하면 첫발을 떼기가 어려울 수 있습니다. 그래서 가장 처음 수행할 두 가지 미션을 정해드리겠습니다.

① "안녕하세요."

여러분이 수행할 첫 번째 미션은 "안녕하세요"입니다. 이 미션은 "안녕하세요"라는 말을 아주 자연스럽게 하면 됩니다. 무척 쉬운 미션입니다. 하지만 반드시 평소 인사하기 애매했던 상대에게 해야 합니다. 예를 들어 타 부서 직원 혹은 청소나 주차해 주시는 분들, 경비원분들 아니면 이웃집 사람들과 같이 평소에 인사를 잘하지 못했던 분들을 정해서 인사를 시도해 보는 것입니다. 예전에 인사를 했다가 반응이 별로여서 안 하고 있었던 대상이 있다면 선택하셔도 좋습니다. 단, 그냥 인사만 하는 것이 아니라 상황을 예측해 보고 시뮬레이션을 통해 연습을 한 후 시도하는 것입니다.

먼저 인사를 할 상대를 정하고 어떤 상황일지 예측해 본 후 머릿속으로 인사하는 모습을 그립니다. 그리고 실제 상황이 닥쳤을 때 자연스럽고 편안하게 보일 수 있도록 거울을 보고 연습하세요. 한번 입 밖으로 "안녕하세요"라는 말을 뱉은 것으로 만족하는 것이 아니라 여러 번 연습해야 합니다. 말하기에 익숙하지 않다면 녹음하거나 누군가의 도움을 받아서 가장 자연스러운 표현을 찾고 그대로 할 수 있도록 반복합니다. 미소와 함께 약간 고개를 숙이며 말하고 말을 마친 후 상대에게 대답을 강요하는 보디랭귀지를 보내지 않으며 자연스럽게 마무리하면 됩니다.

자연스러운 "안녕하세요"는 가장 가성비가 좋은 문장입니다. 왜냐하면 어떤 상황이건 상대가 누구이건 쓸 수 있는 쓰임이 아주 많기 때문입니다. 또한 썼을 때 친밀도를 쉽게 높일 수 있고 상대가 불쾌해할 위험도 거의 없습니다. 이 말의 태도로 여러분이 어떤 사람인지 판단되기도 합니다.

이 미션을 충분히 시도하였다면 이후로 한 문장씩 덧붙여보도록 합니다. 이 미션을 통해 인사하게 된 사람들이나 과거에 인사만 주고받던 사람들에게 사소하더라도 최소한 한 문장 이상의 말을 덧붙여 말해보는 것입니다. 예를 들어 헤어스타일이 바뀌는 등의 변화나 현재 상황 등을 언급하며 가볍게 이야기할 수 있습니다.

- "안녕하세요. 머리 하셨네요. 훨씬 젊어 보이세요."
- "안녕하세요. 오늘 일찍 출근하셨네요."
- "안녕하세요. 오늘도 감사합니다."
- "안녕하세요. 오늘 날씨 정말 좋네요 / 덥네요 / 춥네요."

물론 미리 어떻게 말할지 준비해 두고 가도록 합니다. 이 외에 말을 덧붙이기 좋은 상황은 월요일 출근길이나 금요일 퇴근길과 같이 특정 이벤트가 있는 날입니다.

- "안녕하세요. 주말 잘 보내셨어요?"
- "안녕하세요. 주말 잘 보내세요."
- "안녕하세요. 좋은 하루 보내세요."

'안녕하세요' 미션을 마치고 나면 자신감이 붙고 자연스럽게 이야기할 수 있는 초석을 다졌을 것이기 때문에 한두 문장 연습해서 붙이는 것은 크게 어렵지 않을 것입니다.

이 미션의 목적은 세 가지입니다. 어떤 상황에서도 자연스럽게 인사를 할 수 있도록 인사 자체를 익숙하게 만드는 것, 주변 사람들에게 좋은 인상을 남기며 인사를 주고받는 대상 그룹을 넓혀 좋은 평판을 얻는 것, 그리고 이를 통해 인간관계가 넓어지도록 만드는 것입니다. 이 미션을 잘 수행했다면 이 목적들은 이루었을 것입니다.

② 새로운 모임 참여하기

여러분이 수행할 두 번째 미션은 '새로운 모임 참여하기'입니다. 새로운 모임에 나가서 해야 하는 일은 자신의 기준점을 잡는 일입니다. 대화 노트를 쓰면서 만들어낸 포인트 문장들을 직장이나 학교 등 이후에도 영향을 받을 수 있는 곳에서 바로 사용하지 말고 새로운 모임에서 시도해 보도록 합니다. 자신이 대화 노트에서 예측했던 대화들처럼 이루어지는지 확인하고 다른 사람들의 반응도 살피도록 합니다.

물론 예의에 어긋나거나 어떤 사람이라도 불쾌해질 수 있는 말과 행동은 절대로 해서는 안 됩니다. 분위기에 취하거나 대화에 욕심이 생겨 오버하는 일도 없어야 합니다. 새로운 모임에서는 연습해둔 문장을 완전히 자신의 것으로 만들어 보는 실습을 한다고 생각하고 미리 짜둔 문장을 실행하는 데 집중해 보는 것이 좋습니다. 이렇게 시도한 문장들이 자연스럽고 자신의 예측과 같은 대화로 이어진다면 어디서든 사용해도 좋습니다.

하지만 만약 자연스럽지 못하다면 다시 예측하고 시뮬레이션해 보며 연습해야 합니다. 만약 대화의 예측이 전혀 맞지 않다면 타인에 대한 이해가 부족한 것이기 때문에 예측이 비슷해질 때까지 모임에서 대화를 반복하고 대화 노트에 복기와 보정을 해보는 것으로 훈련해야 합니다.

연습으로 해결되지 않는 건 없다

스몰토크를 잘하기 위해 여러분이 갖추고자 노력해야 하는 능력이 있습니다. 이것들은 절대 타고나는 것이 아닙니다. 개인차는 있지만 훈련으로 개선될 수 있는 것들입니다.

첫 번째 능력은 통찰력입니다. 한국식 표현은 눈치입니다. 이 책을 처음부터 차근차근 따라오셨다면 이미 여러분은 어떻게 눈치를 키울 수 있을지 알고 있을 것입니다. 눈치가 좋아지면 상대를 파악하게 되고 스몰토크를 해야 되는지 아닌지의 여부도 빠르게 판단할 수 있습니다.

두 번째 능력은 연기력입니다. 한국식으로 표현하자면 뻔뻔

함이라고 할 수 있겠습니다. 스몰토크를 시도하다 멈출 거라면 애초에 그냥 깍듯하게 인사만 하는 것이 낫습니다. 상대가 성의 없게 대답했다고 느껴지더라도 그것에 흔들리지 말고 스몰토크를 밀고 나가야 합니다. 이때 유쾌한 사람 혹은 자신감 있는 사람을 연기하는 것입니다. 그리고 그 연기는 연기력이 좋아질수록 여러분을 진짜 그런 사람으로 만들어 줄 것입니다. 이를 위해 여러분은 마음을 다져둘 필요가 있습니다.

세 번째 능력은 기억력입니다. 상대의 정보를 스몰토크에서 활용할 때도 필요하지만 관계 수준을 기억하기 위해서도 필요합니다. 이 기억력은 관심과 반복으로 개선될 수 있습니다. 기억은 그 기억에 집중하거나 그 기억을 많이 떠올릴수록 오래 남습니다. 상대에게 관심을 갖고 집중해 대화를 하거나 혹은 대화 노트를 쓰며 상대의 정보를 다시 떠올리는 훈련을 하면 자연스럽게 기억력이 좋아질 것입니다.

나에게만 차갑게 구는 사람을 대하는 현명한 방법

　이번 장에서는 스몰토크를 시도하는 과정에서 자주 발생하는 상황들 중 조심스럽게 접근해야 할 상황에서의 대처 방법을 알려드리겠습니다. 스몰토크만으로 충분하지 않을 때 알아두면 활용하기 좋은 유용한 팁입니다.

　첫 번째는 나를 소개하는 상황입니다. 의외로 많은 사람들은 자기소개만 듣고 그 사람을 판단해 버립니다. 무의식적으로라도 이렇게 판단이 내려지면 그것을 바꾸기 어렵습니다. 그렇기 때문에 자기소개는 매우 중요합니다. 밝고 예의 바른 자기소개 요령을 알아보겠습니다.

격식 있는 자기소개법

하나, 이름을 또박또박 명확하게 말합니다. 성에 힘을 주어 말하고 잠깐 쉰 후 이름을 말해야 합니다. 그리고 '입니다'와 같은 문장의 마지막 단어에 다시 힘을 주어 마무리하면 됩니다. 이때 문장을 정확히 마치지 않으면 이름을 아무리 잘 전달했어도 안 좋은 인상을 남기게 됩니다. 절대 말끝을 흐려서는 안 됩니다.

둘, 가벼운 미소를 지으며 말합니다. 입꼬리만 올리는 정도의 미소로도 충분히 밝은 모습을 전할 수 있습니다. 과장된 미소는 오히려 가식적으로 보일 수 있기 때문에 거울을 보고 은은한 미소 수준을 정해두면 도움이 됩니다.

셋, 이름을 말할 때는 상대의 시선을 봅니다. 자기소개를 하는 짧은 시간 동안 상대의 시선을 마주치지 못하거나 순간순간 다른 곳을 본다면 신뢰감을 줄 수 없습니다.

자기소개 후에 악수를 하게 된다면 상대와 비슷한 힘을 주어 꽉 맞물린다는 느낌으로 하는 것이 바람직합니다. 악수의 정석은 약간 꽉 쥐는 것이지만 그보다 더 중요한 것은 상대에게 맞춰주는 것입니다. 그리고 악수를 불편해하는 상대도 있으니 악수를 하자고 과하게 청하기보다는 상대의 눈치를 살피고 시도해야 합니다.

또한 절대 해서는 안 되는 것들도 있는데, 자기소개를 할 때 상대에게 특별한 인상을 주기 위해 평소 하지 않던 행동을 한다거나 과장된 표현을 하면 대부분 결과가 좋지 않습니다. 자기소개는 밝고 예의 바름을 전달하는 것으로 목표를 세워두는 것이 안전합니다. 특별한 인상은 대화를 통해 얼마든지 전달할 기회가 있습니다.

처음 나간 모임에 쉽게 적응하려면

새로운 모임에 나가 새로운 사람들과 친해지려 할 때 이미 다른 사람들은 친한 경우가 있습니다. 이런 경우에는 처음부터 자신을 뽐내려고 욕심내지 말고 차근차근 과정을 밟아가야 합니다.

먼저 관찰을 해야 합니다. 각 모임마다 분위기가 다르고 허용되는 암묵적인 태도와 행동의 수준이 다르기 때문입니다. 모임의 전체적인 분위기를 파악하기 위해 다음의 질문들을 해보면 됩니다. 이 질문들에 대해 파악하기 전까지는 미소로 타인의 이야기를 경청하며 때를 기다리도록 합니다.

- 이야기의 수준과 주제는 어떠한가?
- 금기시되는 표현이나 이야기는 없는가?
- 서로 친근함을 표현하는 수준은 어느 정도인가?
- 누가 영향력이 있는 사람인가?
- 모임 구성원들의 관계나 역할은 어떠한가?

다음으로 필요한 것은 헌신입니다. 헌신은 여러 가지 방법으로 할 수 있습니다. 시간과 돈뿐만 아니라 관심과 정성 모두 헌신할 수 있는 요소입니다. 시간을 헌신한다는 것은 모임에 많이 나가는 것도 포함합니다. 조금 손해를 보는 것 같더라도 남들이 했을 때 피곤한 일을 기꺼이 하는 것도 헌신입니다. 사소하게는 타인의 조금 재미없는 이야기에도 재미있는 듯 경청하고 리액션을 해주는 것도 일종의 헌신입니다. 모임에서 헌신이란 결국 더 많이 얼굴을 비치며 모임에 필요한 행동을 하고 더 좋은 분위기를 위해 노력하는 것이지요. 그렇게 하면 자연스럽게 그 모임의 일원이라는 인식이 생기게 될 것입니다.

마지막으로 해야 할 것이 친해지는 것입니다. 친해지는 것은 가장 마지막에 할 일입니다. 실은 앞의 두 가지를 충실히 한다면 자연스럽게 친해지고 있을 것입니다. 단, 친해질 때 친해지고 싶은 일정 사람에게만 친해지려는 행동을 하는 것은 금물입니다. 모든 사람에게 똑같이 대하고 소외된 사람을 챙기면서 두루두루 친해지려는 노력을 합니다.

이 사람 왜 나에게 차갑게 굴까?

공식에 맞춰 스몰토크를 시도하는데 아무리 해도 반응이 좋지 않은 상대가 있을 수 있습니다. 나에게만 차갑게 대하는 상대가 있다고 한번 가정해 봅시다. 상대의 차가운 반응이 계속된다면 그에 대처하는 요령이 있습니다.

우선 그 상대가 차갑게 대한다고 느낀 근거가 무엇인지 생각해 보세요. 만약 객관적인 근거가 아니라 그냥 느낌이거나 주관적인 것이라면 상대가 차갑게 대한다고 생각하지 말고 그 상대를 대해 보시기 바랍니다. 자신이 주관적인지 객관적인지 판단이 안 선다면 주변의 아주 친하고 감정보다 이성이 강한 사람에게 의견을 구해보는 것도 좋은 방법입니다. 상대가 차갑게 느껴지는 것은 가끔 그 상대에게 너무 많은 것을 바라는 마음 때문에 생겨나기도 합니다. 그래서 근거가 없는 느낌이라면 객관적인 사실로 상대를 바라보려는 노력을 해보시기 바랍니다.

객관적인 사실로 상대를 보고 다시 판단해 보았는데 만약 상대가 나에게만 차갑게 대하는 것이 확실하다면 그 사람이 차가워진 시점이 언제부터인지 생각해 보세요. 차갑게 대하게 된 시점을 거슬러 올라가 보면 어떤 이유인지 찾을 수 있을 것입니다. 만약 생각나지 않는다면 제삼자에게 간접적으로 확인할 방법을 생각해 보세요.

상대가 차갑게 대하는 이유가 특정한 사건이나 실수 때문이었다면 같은 실수를 반복하지 않도록 노력하는 방법이 최선입니다. 물론 한번 생겨난 판단은 쉽게 바뀌지 않기 때문에 시간을 들여야 합니다. 확실한 이유가 있고 다시 반복하지 않을 자신이 있다면 그 상대에게 사과와 다짐을 전하는 것도 좋습니다.

만약 상대가 내게 차갑게 대하는 이유가 어떤 사건이 아닌 단지 선입견 때문이라면 억울하지만 시간을 갖는 것이 제일 현명한 방법입니다. 섣불리 자신을 드러내고 편견을 풀려고 애쓰면 상황이 더 꼬일 수도 있기 때문입니다. 상대의 편견은 그의 과거나 상처, 피해 의식 등과 연관되어 있을 수 있기 때문에 말 한두 마디로 바꾸지 못합니다.

차가운 태도를 가진 사람들의 특징

그럼 나만 차갑게 대하는 것은 아니지만 나를 포함한 몇몇 사람들에게 차갑게 대하는 경우에는 어떻게 해야 할까요? 이런 유형도 앞서 설명한 '나에게만 차갑게 구는 사람'을 대처하는 요령에 따라 생각을 거슬러 올라가 봐야 합니다. 단 이 경우에는 한 가지 질문을 더 해 봐야 합니다.

'그 상대가 차갑게 대하는 사람들은 어떤 공통점이 있는가?'

만약 아무 공통점이 없다면 각 인간관계별로 특정 사건들로 인해 차갑게 대하는 사람들이 생겨났을 수 있습니다. 아니면 그 상대만이 생각할 수 있는 기준이 있을 수도 있습니다.

상대가 차갑게 대하는 사람들이 외향성이 강한 사람들이라면 주의해야 할 것이 있습니다. 외향적인 성격의 사람들은 말을 하면서 생각을 정리하기 때문에 같은 말을 반복하거나 했던 말이 바뀌는 경향이 있습니다. 상대는 그런 대화를 불편하게 여길 가능성이 있습니다. 그래서 말이 바뀌지 않도록 하고 상대 반응을 보며 같은 말을 반복하는 일이 없도록 해야 합니다.

반대로 차갑게 대하는 그룹이 내향성이 강한 사람들이라면 답답한 것을 싫어하는 것일 테니 가능한 빨리 답을 주도록 애써야 합니다. 이것이 힘들다면 생각해 볼 테니 잠시 시간을 달라는 말을 통해 상대에게 기다려달라는 메시지를 보내야 합니다.

모두에게 거리를 두는 내향형 인간?

대부분의 사람들에게 차갑게 대하는 상대도 간혹 있습니다. 이런 유형의 상대는 대부분 내향적인 성격입니다. 그래서 타인과 관계 맺기를 조심스러워하고 먼저 다가서는 것을 힘들어합니다. 내향성과 외향성은 그 사람이 어디에서 에너지를 얻는가에 대한 것입니다. 즉, 인간관계에서 에너지를 얻으면 외향성, 혼자 시간을 가지며 에너지를 충전하면 내향성이 강하다고 볼 수 있습니다. 이 중 내향적인 사람은 사람을 만날 때 에너지를 소비하기 때문에 인간관계를 힘들어하는 경우가 많습니다. 그래서 종종 오해를 사기도 하고 인간관계에 좌절하기도 합니다. 그러면 이러한 내향적인 사람은 어떻게 대처해야 할까요?

① 오해하지 말자

내향적인 사람은 생각을 한 후 말을 합니다. 그래서 내향적인 상대를 꽁한 상태라거나 나를 무시하고 있다고 오해하는 일이 발생합니다. 한번 이런 오해가 생겨서 선입견이 생기면 그 상대의 다른 행동이나 말도 전부 이에 맞춰 보이게 되죠. 처음부터 상대가 무시한다거나 삐져있다고 생각하지 않아야 합니다. 그들의 대답이 없어도 당황할 필요 없습니다. 대답이 필요한 질문이었다면 차분히 기다려보고, 굳이 대답이 필요 없는 가벼운 말이었다면 자연스럽게 다음 말을 이어가면 됩니다.

② 정보 주기를 강요하지 말자

내향적인 사람들은 자신에게 관심 갖는 것을 불편해합니다. 그래서 스몰토크 공식에 따라 대화를 시도해도 새로운 사람에게는 좀처럼 자신의 정보를 주지 않습니다. 이런 경우에는 상대의 정보를 언급하는 것보다 공통의 정보를 가지고 대화를 시작하는 것이 좋습니다. 상대가 원할 때 상대의 이야기를 하도록 배려하며 질문해야 합니다.

③ 그들의 호기심을 이용하자

내향적인 사람들은 탐구하거나 배우는 것을 좋아하는 경향이 있기 때문에 호기심이 많습니다. 그래서 스몰토크 공식에 따라 열린 질문을 하다가 그들이 원하는 주제의 대화가 시작되면 그들은 열정적으로 대화합니다. 이를 위해 섣불리 입장을 드러내거나 의견을 내세우지 말고 질문을 통해 상대의 입장과 의견을 조금씩 수집해 가는 과정이 필요합니다. 상대가 내향적일수록 그 사람의 마음을 열기 위해 눈치가 많이 필요합니다. 하지만 한번 그들의 마음을 열면 오히려 더 돈독하고 깊은 관계가 될 수 있습니다.

이 사람과 가까워질까, 말까?

다가갈 사람을 구분하려 한다면 이는 관계에 목적이 있거나 자신의 편안함을 추구하고자 하는 두 가지 이유 때문일 것입니다. 먼저 목적에 의해 사람을 구분하는 경우라면 목적에 부합하지 않는 사람에게는 다가가지 않겠다는 생각인 거죠. 하지만 이렇게 인간관계를 맺게 되면 문제가 생깁니다. 목적에 부합하는 사람만 선별해서 다가갈 때 그 사람에게 신뢰를 얻을 수 없습니다. 목적이 너무 뻔히 보이게 되는 것이지요. 또한 폭넓은 인간관계가 형성되지 않아서 다가가야 할 때 서투른 행동을 할 가능성이 커집니다. 그리고 목적에 부합하거나 하지 않는 사람이 미래에도 그러리란 법은 없기 때문에 현재만 보는 편협한 인간관계가 형성될 수밖에 없습니다.

만약 편안함을 목적으로 상대를 구분하는 것이라면 편안하게 대해주는 사람에게만 다가가겠다는 것입니다. 이런 생각으로 타인을 대하면 다른 사람을 편하게 해주는 사람 위주로 인간관계가 형성될 것입니다. 그런데 보통 그런 사람들은 모든 사람을 편하게 해주기 때문에 넓은 인간관계를 가지고 있습니다. 대부분은 얕은 관계일 수밖에 없지요. 편안함을 쫓으면 다가간 수많은 사람들 중 하나가 될 것입니다. 타인의 어장에 스스로 뛰어 들어가는 꼴이지요. 또한 편하게 대해주는 사람하고만 친해지려는 생각을 하면 불편한 상대와는 친해질 노력을 하지 않기 때문에 인간관계에 있어 경험이나 다양한 사람에 대한 이해가 부족하게 됩니다. 이런 이유들 때문에 누군가에게 특별한 존재가 될 수 없습니다.

결론적으로 어떤 경우라도 다가가기 편한 사람을 구분하는 것은 옳지 못합니다. 모든 사람을 동등하게 대하려고 애쓰고 다가가려 노력하는 게 쉽지는 않지만 결국 그를 통해 많은 것을 배우고 인간관계도 깊어질 것입니다.

무례하고 불편한 상황을 해결하는 단순한 한마디

앞서 처음 나를 소개하며 나라는 사람을 각인시켜야 하는 상황이나 나와 거리를 두려는 사람을 만났을 때 등 스몰토크를 시도하는 과정에서 특히나 조심스럽게 접근해야 할 상황들이 왔을 때 어떻게 대처하는지 살펴봤습니다.

이번에는 직장과 같이 내가 온전한 편안함을 느끼기 어려운 상황, 혹은 몇 가지 이유들로 인해 불편함을 넘어 불쾌한 느낌을 느끼게 만드는 상황에서 어떻게 대처하면 좋을지에 대해 이야기해 보려 합니다. 우선 불쾌감을 느낄 수 있는 대표적인 상황 몇 가지를 살펴보겠습니다.

나를 불쾌하게 만드는 사람들

① 무례한 사람을 만났을 때

이럴 때는 상대의 무례함을 바로 언급하는 것이 좋습니다. 혼자 생각하다가 나중에 다시 얘기하게 되면 상대는 이미 잊었을 것이고 자신의 기억 또한 정확하지 않게 됩니다. 스스로는 기억이 정확하다고 생각하지만 기억의 프로세스는 감정에 따라 그 기억을 재구성하도록 되어 있습니다. 만약 계속 비슷한 일이 쌓여서 폭발한다면 상대는 그 감정의 폭발에 부당함을 느낄 것입니다. 그렇게 되면 자칫 작은 일로 크게 반응하는 이상한 사람으로 오해를 받을 수도 있습니다.

여기서 말하는 상대의 무례함은 객관적으로 무례한 것이어야 합니다. 그냥 혼자만의 느낌이거나 상대의 생각을 왜곡해서 받아들인 것이라면 오히려 큰 실례가 될 수 있습니다.

② 자기 말만 하는 사람을 만났을 때

자기 말만 하는 사람들은 그 말을 할 때 스스로 혼자 말하고 있다는 것을 인식하지 못하는 경우가 많습니다. 눈치가 없거나 자기 확신이 너무 강하기 때문입니다. 이때는 그것을 인식시켜줄 필요가 있습니다. '이제 나도 말 좀 할까? 귀가 좀 쉬어야 할 것 같아'라는 식으로 가볍게 이야기하는 것도 좋습니다. 단, 직장 상사나 거래처 직원과 같이 그의 이야기를 들어야 하는 관계라면 어느 정도 인내할 필요가 있습니다.

③ 말을 끊는 사람을 만났을 때

상대가 나의 말을 끊었다면 상대에게 그것을 알려줘야 합니다. 단, 나의 말을 끊었으니 조심하라며 직접적으로 말하는 것은 좋지 않습니다. '아까 하던 얘기를 마저 하자면……'이라는 식으로 이야기를 이어 나가면 됩니다. 만일 상대가 말을 또 끊으면 나도 또 그렇게 이어가면 됩니다. 이를 위해서는 상대가 말을 끊었다 해도 자신이 하던 말이 무엇이었는지 잘 기억해 둬야 합니다.

④ 초면인 것처럼 행동하는 사람을 만났을 때

분명히 만난 적이 있는데 처음 보는 것처럼 행동한다면 "안녕하세요. 두 달 전에 귀사 회의실에서 뵌 후로 처음 뵙네요"라고 하는 등 자연스럽게 언제 만났는지 언급해 주면서 상대가 그 기억을 떠올릴 수 있도록 도와주면 됩니다.

⑤ 친밀하지 않은 사람이 친밀한 것처럼 행동할 때

상대가 관계의 수준을 헷갈려 갑자기 친하게 행동한다면 친밀하지 않은 반응과 태도로 일관하면 됩니다. 존칭을 쓴다거나 진지한 태도를 보이는 것을 통해 상대가 지금 잘못된 행동을 하고 있음을 느끼도록 만들어주는 것이죠. 만약 상대가 너무 가까이 다가오면 자연스럽게 거리를 다시 두어야 합니다.

직장에서 대처하는 방법

이번에는 직장 내에서 스몰토크를 시도하기 전에 알아두면 좋을 점들에 대해 이야기해 보겠습니다. 스몰토크는 직장 내에서 아주 유용하게 쓰일 수 있는 기술입니다. 하지만 직장에서의 인간관계는 다른 곳에서와는 몇 가지 차이가 있습니다. 직장 내에서 발생하는 여러 관계에 따른 조언을 드리겠습니다.

① 새로운 조직에 익숙해지려면

조직마다 일하는 방식뿐만 아니라 조직 내 생활 양식까지도 차이가 납니다. 규정에는 없지만 금지되는 것이 있고, 반대로 규정에 있지만 융통성 있게 처리해도 되는 부분이 있습니다. 이런 차이는 바로 조직 문화 때문에 발생합니다. 회사의 방식을 모두 규정으로 만들 수도 없고 만든다 해도 낭비이기 때문에 조직 문화라는 암묵적인 룰이 존재하는 것입니다. 그래서 좋은 조직 문화를 가진 회사는 매우 효율적입니다.

만약 새로운 조직에 들어갔다면 먼저 이 조직 문화를 익히는 데 주력해야 합니다. 조직 문화는 매뉴얼과 같습니다. 매뉴얼은 누군가는 읽고 누군가는 읽지 않지만 분명한 것은 읽는 사람은 실수도 하지 않고 모든 기능을 효율적으로 사용할 수 있게 된다는 것입니다. 가끔 매뉴얼을 읽고 제품을 망가뜨리는 경우도 있습니다. 하지만 비슷한 종류의 제품을 많이 써봤다면 매뉴얼 없이도 새 제품을 잘 쓰기도 합니다. 만약 비슷한 회사 경험이 많다면 조직 문화를 예측하고 그에 따라 행동할 수 있는 것과 같습니다.

조직 문화를 읽는 힘은 눈치에서 나옵니다. 기본적으로 눈치를 키우는 훈련을 하고 덧붙여 조직 내에서 자신과 가까운 위치의 직원이 어떻게 행동하는지 그 위의 직원은 어떤지 차근차근 살펴보면 자신이 나아갈 길과 행동을 눈치껏 선택할 수 있게 됩니다.

② 상사와 매끄럽게 지내려면

상사와 잘 지내려면 상사가 어떤 스타일인지 파악해야 합니다. 상사가 외향적이라면 대답을 빨리 하거나 중간 보고의 효과가 있는 '생각할 시간을 달라'는 말을 꼭 해야 합니다. 상사가 내향적이라면 말이 바뀌는 일이 없도록 주의해야 합니다. 이외에도 상사가 일과 사람 중에 어떤 것을 더 중요하게 생각하는지 판단하는 것이 좋습니다. 만약 일을 더 중요시 생각한다면 일에 관련된 이야기나 결과로 말해야 합니다. 반면에 사람을 중요시 생각한다면 스몰토크가 효과적입니다.

③ 부하 직원을 혼내려면

부하 직원을 혼낼 때는 세 가지를 기억해야 합니다.

첫째, '잠깐 이야기 좀 하실래요?'라는 식으로 혼내기를 시작한다는 메시지를 주어야 합니다.

둘째, 객관적인 사실만 가지고 이야기해야 합니다. 감정적으로 얘기하거나 막연하게 느낌으로 혼을 내면 아무것도 나아지지 않습니다.

셋째, 간결해야 합니다. 구구절절 쓴소리를 늘어놓아 봐야 감정만 상할 뿐입니다. 이것을 기억하고 혼내면 부하 직원도 개선할 방향을 생각할 수 있기 때문에 더 좋은 결과를 낼 수 있을 것입니다.

④ 거래처 사람을 만났다면

거래처 사람처럼 업무상 만나는 관계에서 말을 하는 것이 어려울 때가 있습니다. 잘 아는 사이도 아니고 상대의 정보를 얻고자 질문 세례만 하기에도 애매한 관계이기 때문입니다. 이런 상황에서는 두 가지만 지키면 좋은 대화를 할 수 있습니다.

첫째, 틀에 박힌 스몰토크로 시작하는 것이 좋습니다. 업무상 관계의 스몰토크는 연기자가 합을 맞추는 것과 같습니다. 그래서 상대를 당황하게 만들거나 스스로 실수할 수 있는 애드리브는 자제하는 것이 좋습니다. 날씨나 교통 상황 등 공통 소재를 사용한 형식적인 스몰토크를 짧게 시도하고 나서 업무 이야기를 진행하는 것이 안전합니다.

둘째, 동질감을 형성합니다. 상대가 날씨보다 옷을 따뜻하게 입었으면 상대가 추위를 좀 많이 타는 체질이라고 유추하여 다음과 같이 말하는 것입니다.

"제가 추위를 좀 많이 타는 체질이라 이 정도 계절만 되어도 쌀쌀하게 느껴지네요."

이 말에 상대가 동질감을 느끼며 "저도 그래요"라는 말이 나온다면 대성공입니다. 다른 예로 상대가 내성적으로 보인다면

"나도 마케팅을 하고 있긴 하지만 사실 좀 내성적이라 많이 노력하고 있다"는 식으로 말할 수도 있을 것입니다.

완벽한 스몰토크는 마무리도 좋아야 한다

여기까지 내가 난처할 수 있는 다양한 상황들을 살펴봤습니다. 사실 주어진 상황이 좋지 않다고 하더라도 스몰토크를 잘하는 것만으로도 상대는 여러분과의 대화를 즐겁게 여길 수 있습니다. 하지만 아무리 즐거운 상황이어도 언젠가 마무리는 맺어야 할 것입니다. 이제 즐거운 대화를 어떻게 잘 마무리하면 좋을지 알아보도록 하겠습니다.

우선 상대와 대화를 나누는 일이 충분히 즐거웠음을 표시합니다. 아래와 같이 서로 나눈 대화의 주제를 짧게 언급한 후 재미있었다거나 즐거웠다는 말을 하면 됩니다. 만약 이야기가 마무리되지 못한 상황이라면 나중에 마저 들려달라고 덧붙이는 것도 좋습니다.

> "네가 오늘 해준 ○○에 대한 이야기는 정말 재미있었어. 나중

> 에 마저 들려줘."

두 번째는 대화를 나누는 지금 상황을 정리하는 명분을 제시해 주는 것입니다. 분명 지금 대화가 즐겁지만 상황상 이제 자리를 떠야 하는 이유를 말해주면 됩니다. 이때 자리를 떠야 하는 이유는 솔직한 것이어야 합니다. 부득이한 경우라면 거짓말이라도 할 수도 있지만 만약 그랬다면 상대가 나중에라도 알아차릴 수 없는 것이어야 합니다.

> "내가 지금은 ○○○을 해야 해서 가봐야겠어. 정말 아쉽네."

마지막 마무리 방법은 좋은 인상을 남기고 자리를 뜨는 것입니다. 좋은 인상을 남기려면 지루해서 도망간다는 인상을 주어서는 안 됩니다. 아쉽지만 다음을 기약한다는 표현과 예의 바른 태도로 상황을 마무리하면 됩니다.

에필로그

당신의 진심과 가치가
모든 사람에게 전해지도록

　사람들은 무의식적으로 상대가 던진 한두 문장의 말만으로 그 사람의 인생을 판단합니다. 한마디만으로 인생을 판단하다니 억울할 수도 있겠지만, 우리도 일상생활에서 상대와 대화를 하다보면 더 알고 싶어지는 사람이 있는 반면에 반대로 그렇지 못한 사람도 있다는 걸 느낍니다. 이 차이는 바로 별것 아닌 것처럼 보이는 스몰토크에서 결정됩니다. 지식이 많고 적음의 문제가 아니라 그 사람이 신뢰가 가는지, 매력적인 사람인지 등 그 사람에 대한 인상이 스몰토크에서 갈리게 되는 것이지요.

　나의 인생이 훌륭하고 나의 생각과 신념이 상대에게 큰 가치를 줄 수 있다고 하여도 이미 판단을 내려버린 상대의 생각은 쉽게 바뀌지 않습니다. 그래서 저는 여러분의 가치가 제대로 전달될 수 있도록 올바른 길을 제시하고자 했습니다. 분명히 결과가 변하도록 풍부한 사례와 함께 명확한 공식과 해결책을 드리고자 애를 썼습니다. 이 책은 거짓으로 여러분을 포장하도록 만드는 책이 아닙니다. 여러분의 진심과 가치가 모든 사람에게 제대로 전해지도록 그 길을 열어드리려는 책입니다.

한 번의 인사가 평판을 좌우합니다. 인상적인 인사를 건넸다면 그 인사를 받은 사람에서 그치는 것이 아니라 그를 통해 다른 사람들에게까지 나에 대한 인상이 전파될 것입니다. 반대로 최악의 인사를 건넸다면 그 또한 쉽게 전파될 것입니다. 다수의 사람이 모이는 곳에서는 좋은 것이든 나쁜 것이든 쉽게 전파되기 마련입니다. 이 책의 공식에 따른 스몰토크는 상대에게 좋은 인상을 전할 것입니다. 이는 곧 여러분의 좋은 평판을 만들어줄 것입니다. 그래서 세상에 여러분의 편이 더 많아지게 될 것입니다. 여러분을 잘 알지도 못하면서 쉽게 판단하는 무리가 아닌 여러분의 가치에 관심을 가지는 한편이 말이지요.

저 또한 이 책을 통해 여러분의 든든한 편이 될 것입니다. 차근차근 제가 정리한 방법을 익히면서 훈련하면 여러분의 삶이 바뀌는 것을 경험하게 될 것입니다. 이 책을 곁에 두고 더 멋진 삶을 살게 되실 여러분을 생각하며 책을 마칩니다.

임철웅

그저 한마디
건넸을 뿐인데

초판 1쇄 발행 · 2024년 9월 30일
초판 3쇄 발행 · 2025년 3월 31일

지은이 · 임철웅
펴낸이 · 김동하

펴낸곳 · 부커
출판신고 · 2015년 1월 14일 제2016-000120호
주   소 · (10881) 경기도 파주시 산남로 5-86
문   의 · (070) 7853-8600
팩   스 · (02) 6020-8601
이메일 · books-garden1@naver.com

ISBN · 979-11-6416-227-7 (03190)

· 이 책은 저작권법에 따라 보호받는 저작물이므로 무단 전재와 무단 복제를 금합니다.
· 잘못된 책은 구입처에서 바꾸어 드립니다.
· 책값은 뒤표지에 있습니다.